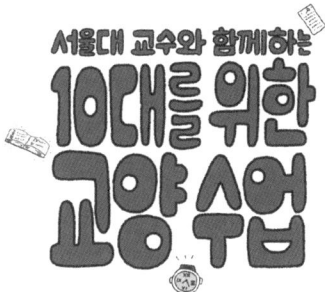

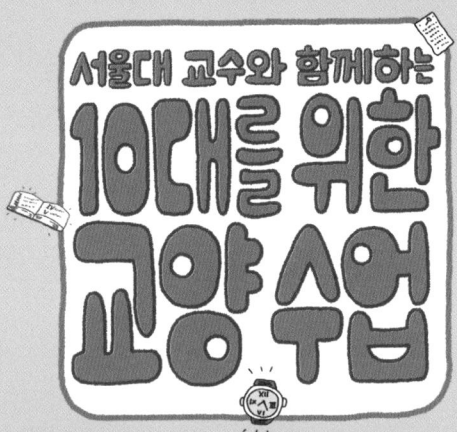

서울대 교수와 함께하는
10대를 위한 교양 수업

❻ 김덕수 교수님이 들려주는 로마사 이야기

글 김덕수, 황근기 | 그림 리노

기획의 글

단 한 번의 특별한 지식 여행

'서울대 교수와 함께하는 10대를 위한 교양 수업'은 배움의 뜻을 품고 자신의 길을 찾아 떠나는 10대를 위한 지식 교양 도서입니다.
　꿈을 찾고, 꿈을 키우고, 꿈을 이루는 것은 저절로 되지 않습니다. 내가 무엇을 좋아하는지, 내가 어떨 때 행복한지, 내가 무엇을 하고 싶은지 깊이 생각하고 깨닫는 경험이 필요합니다. '서울대 교수와 함께하는 10대를 위한 교양 수업'은 그 깨달음의 기회를 전하고자 기획되었습니다.

이 시대 최고의 멘토가 함께합니다.
　'서울대 교수와 함께하는 10대를 위한 교양 수업'은 단순한 지식 교양 도서가 아닙니다. 자신의 관심과 재능을 되돌아보고 보다 구체적인 꿈을 그리도록 안내합니다. 더 넓은 세상, 더 큰 배움의 세계로 나아가기 위해 꼭 필요한 지식과 가르침을 전할 최고의 멘토, 서울대 교수님들이 함께합니다.

지식이 꿈으로 이어집니다.

알면 보인다는 말처럼 새롭게 알게 된 것에서 꿈을 찾을 수 있습니다. 어떤 친구는 평소에 관심 있던 분야에서, 또 어떤 친구는 전혀 관심 없던 분야에서 자신의 꿈을 마주할 것입니다. 지금 관심이 집중되는 몇몇 분야의 지식만이 아니라, 인류가 오랜 세월 축적해 온 문화와 역사에 대한 방대한 지식들은 여전히 배우고 연구할 가치가 있습니다. '서울대 교수와 함께하는 10대를 위한 교양 수업'은 폭넓은 시선으로 살아 있는 지식을 전합니다.

배움은 그 자체로 즐거운 일입니다. 일찌감치 꿈을 정하고 키워 가는 친구, 이제 막 꿈을 꾸기 시작한 친구 그리고 아직 어떤 꿈도 정하지 못한 친구도 괜찮습니다. '서울대 교수와 함께하는 10대를 위한 교양 수업'이 안내할 지식 여행을 통해 여러분의 꿈에 조금씩 다가가길 바랍니다.

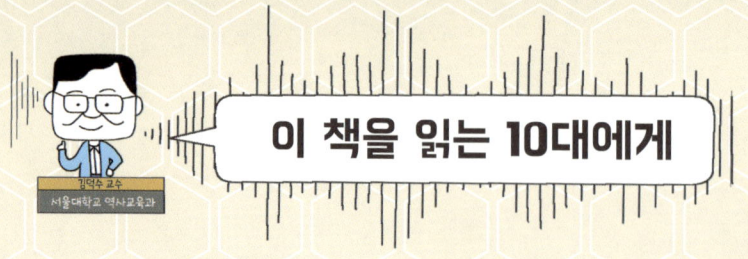

이 책을 읽는 10대에게

 안녕하세요. 서양 고대사를 공부하고 가르치는 김덕수 교수입니다. 여러분은 혹시 '서세동점'이라는 말을 들어 보았나요? 서양 세력이 동양으로 세력을 확장해서 점령해 간다는 뜻입니다. 15세기 전반까지만 해도 동양과 서양은 저마다 독특한 문명을 꾸려 왔습니다. 그러나 15세기 말 콜럼버스의 항해를 시작으로 유럽은 아프리카, 아시아, 아메리카로 팽창해 나갔습니다. 이렇게 서양과 동양의 세력 균형이 깨지고 동양이 서양의 강력한 영향을 받은 근대 500여 년의 역사를 서세동점이라고 합니다. "모든 길은 로마로 통한다.", "로마는 하루아침에 이루어지지 않았다.", "영원한 로마"라는 말이 있듯이 서양의 힘은, 21세기 세계화 시대를 살아가는 우리에게도 강력한 위력을 발휘하고 있습니다. 더 이상 서양인들이 강요하는 것이 아님에도 지구촌 곳곳에 서양의 문물과 가치관, 종교가 스며들어 있어요.

 우리나라의 헌법은 제1조에서 "대한민국은 민주공화국이다. 대한민국의 주권은 국민에게 있다."고 선언하는데 여기서 '민주'와 '공화국'은 각각 아테네 민주 정치와 로마 공화 정치에서 나온 개념입니다. 지금부터 2,500여 년 전에 그리스인과 로마인은 시민이 나라의 주인임을 선언하고 민회에서 법을 제정하고 법이 통치하는 나라를 만들었고, 이러한 정치 제도와 이념이 서양 근대 시대로 이어지다가 마침내 우리에게까지 계승된 것입니다.

저는 방학이 되면 로마가 통치했던 지중해 곳곳을 답사하곤 합니다. 로마의 문화유산이 이후 서양 역사에 어떻게 영향을 끼쳐서 오늘에 이르렀는지를 직접 눈으로 보는 건 언제나 즐겁습니다.

여러분들도 로마사를 통해 서양사, 더 나아가 세계사로 이어지는 역사 여행을 해 보면 어떨까요? 오늘날 우리가 누리는 많은 문화는 갑자기 하늘에서 땅으로 떨어진 것이 아닙니다. 우리 조상이 물려준 것 못지않게 그리스 로마 문화를 바탕으로 이룩한 서양의 유산이 큰 부분을 차지하고 있음을 알게 될 것입니다.

여러분을 로마인들이 통치하던 고대 지중해 세계로 초대합니다.

김덕수(서울대학교 사범대학 역사교육과 교수, 한국서양고전학회 회장)

차례

기획의 글 ····· 4

이 책을 읽는 10대에게 ····· 6

1장 과거를 연구하는 학자 ····· 14

- 드라마보다 재미있는 역사학
- 고대 로마 역사의 매력이 뭐냐고?
- 왜 우리는 로마 역사를 배워야 할까?
- Q&A

2장 로마는 하루아침에 이루어지지 않았다 ····· 34

- 로마는 어떤 나라였을까?
- 지중해를 차지하기 위한 100년 전쟁
- Q&A

< 공화정의 시작 >

3장 새로운 지도자 카이사르 ····· 50

- 왜 세 명이 로마를 다스리게 되었을까?
- 점점 커지는 카이사르의 권력욕
- 이불 보자기 안에서 튀어나온 클레오파트라
- 카이사르의 영광과 죽음
- Q&A

4장 아우구스투스, 로마의 평화 시대를 열다 ····· 74

- 로마를 뒤흔든 유언장
- 신의 아들 프로젝트
- 로마의 역사를 바꾼 악티움 해전
- 지상 최대의 정치쇼
- 로마 최초의 황제 아우구스투스
- Q&A

5장 디오클레티아누스, 로마 제국을 구하라 ····· 104

- 로마는 왜 다시 위기에 빠졌을까?
- 해방 노예의 자식으로 태어나 황제가 되다
- 로마를 네 개로 나누겠다고?
- 디오클레티아누스의 두 얼굴
- Q&A

6장 크리스트교 시대를 연 콘스탄티누스 ····· 130

- 서로마 황제가 된 콘스탄티누스
- 세상을 바꾼 칙령과 회의
- 새로운 로마의 시작

Q&A

7장 무엇이 영원한 로마를 만들었는가? ····· 146

- 로마 제국의 종말
- 로마의 유산

Q&A

I II III IV
V VI VII VIII
IX X XI XII

로마사를 연구하는 서양사학자 김덕수

고대 로마의 역사에 대해서라면 모르는 게 없는 서양사학자.
전 세계 사회, 정치, 문화에 큰 영향을 준 로마 제국의
역사와 로마의 황제들에 대한 이야기를 널리 알리기 위해
늘 연구 중이다.

황제나 왕이 주인공으로 나오는 영화나 드라마를 좋아한다. 그래서 로마의 황제들에 대해서도 관심이 많다. 서양사학자가 되겠다는 꿈이 있다.

로마 신화를 너무 좋아해서, 로마 역사에도 관심이 생겼다. 언젠가 로마 신화에 나오는 유적지에 가 보는 게 꿈이다.

1장 과거를 연구하는 학자

- 드라마보다 재미있는 역사학
- 고대 로마 역사의 매력이 뭐냐고?
- 왜 우리는 로마 역사를 배워야 할까?

드라마보다 재미있는 역사학

"나는 역사학자입니다."라고 하면, 사람들은 살짝 당황한 표정을 지어. 뭔가 재미없고 골치 아픈 일을 하는 사람이라고 생각하는 거 같아. 그런데 말이야. 역사학자라는 직업이 재미없게 느껴질 수는 있지만, 역사학이 재미없는 건 아니란다. 역사학은 알고 보면 드라마보다 훨씬 더 재미있는 학문이야. 문제는 그 재미를 알려면 꽤 긴 시간 동안 역사를 공부해야 한다는 거지. 하지만 내가 장담하는데 그 과정만 지나면 누구나 역사학의 매력에 푹 빠지게 될 거야!

어때? 이제 역사학이 뭔지 조금 궁금해졌을까?

역사학은 과거에 일어난 사건이나 사상, 문화 등을 연구하는 학문이야.

역사학은 과거에 어떤 일이 일어났는지, 그 일이 어떻게 기록되었는지 등을 연구하는 매력적인 학문이지. 그중에서도 서양사학은 서양의 역사를 연구하는 학문이야. 서양사학은 서양 세계를 하나의 문화권으로 보고 그 문화의 변화 과정을 연구한단다.

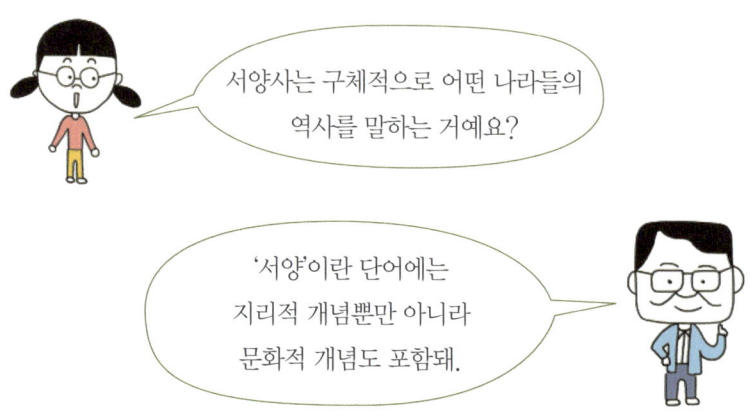

서양사는 구체적으로 어떤 나라들의 역사를 말하는 거예요?

'서양'이란 단어에는 지리적 개념뿐만 아니라 문화적 개념도 포함돼.

서양사학에서는 유럽만 서양으로 보는 게 아니야. 아메리카, 아프리카, 서남아시아 지역도 포함된단다. 이렇게 넓은 지역의 정치, 종교, 문화, 전쟁, 예술의 역사를 연구하는 건 아주 어려워. 그러니까 한마디로 엄청나게 공부할 양이 많겠지?

나는 책을 읽고 연구하는 데에는 나름 자신이 있어. 그런 나조차 서양사학의 광범위한 양에는 두 손 두 발 다 들 정도란다. 공부를 해도 해도 끝이 없지. 아마 죽을 때까지 해도 다 할 수 없을 거 같아. 그래도 다행인 건 서양사학은 깊이 알면 알수록 더 재미있는 학문이라는 거지.

좀 딱딱한 얘기지만, 역사 연구는 '사실로서의 역사'와 '기록으로서의 역사'의 양면이 있어. 즉 과거에 진짜 실제로 일어났던 역사가 있고, 그 일을 기록한 역사가 있는 거지.

역사학자는 오직 승자가 기록한 역사에 기대서 연구해야 해. 패자는 역사 저편으로 사라져 버렸으니까 역사의 기록을 남기지 못했거든. 그런데 승자는 역사를 기록할 때 패자를 아주 나쁘게 묘사하곤 해. 반면에 자신들의 역사는 최대한 아름답고 훌륭하게 미화시키는 경우가 많지.

그러니까 역사학자는 승자가 기록한 역사를 100% 다 믿을 수가 없어. 나는 매일 수많은 사료와 연구서를 읽지만 그 내용을 곧이곧대로 믿지 않아. 항상 의심의 눈초리로 사료를 살펴본단다. 그렇게 해서 '과거에 진짜 일어났던 일'을 정확하게 복원해서 다시 기록해야 하거든.

서양사학자가 하는 일은 미술품 복원 전문가가 하는 일과 비슷해. 미술품 복원 전문가는 오래된 미술품을 복원하기 위해 여러 가지 정밀 검사를 해. 눈으로는 알아내기 힘든 세부적인 부분까지 살펴본 뒤에 전문적인 도구를 사용해서 복원 작업을 시작하지. 최대한 사실과 가깝게 역사를 복원하기 위해 나는 과거를 기록한 사료를 꼼꼼하게 읽고, 그 내용의 진위를 판별해. 그리고 역사가 그렇게 기록된 의도까지 연구하지. 그런 다음에 그 역사를 가장 사실에 가깝게 복원해 내는 게 바로 서양사학자가 하는 일이란다.

우리나라에는 서양사학을 공부하는 연구 인력이 많이 부족한 편이야. 그래서 사료와 문헌도 많지 않고, 서양사학에 대한 사회적 인식도 아직은 많이 부족해. 이런 이유 때문에 그동안 우리나라의 서양사학자들은 어려운 환경에서 연구를 해야 했단다.

하지만 다행히 연구 환경이 점차 나아지고 있어. 요즘은 정보 통신 기술의 발달로 연구에 필요한 사료도 쉽게 찾을 수 있고, 번역을 해 주는 앱이나 프로그램도 많아서 외국어 자료를 연구하기도 수월해졌어. 앞으로 우리나라의 서양사 연구가 더 활발해질 수 있는 환경이 조성된 거야.

나는 한국서양학회의 회원으로도 활동하고 있어. 그곳에서 다른 회원들과 함께 서로 정보를 주고받으면서 연구한단다. 또 국제 학회의 연구 활동에도 참여해서 다른 나라의 역사학자들이 연구한 내용을 듣고, 서로의 의견을 공유하기도 해.

아, 그리고 좀 더 많은 사람에게 로마의 역사를 알리기 위해 틈틈이 책을 쓰고 있어. 지금 이 책도 그래서 쓰고 있는 거란다.

고대 로마 역사의 매력이 뭐냐고?

수학에서 '5+5'가 뭐냐고 물으면, 누구나 10이라고 대답할 거야. '지구는 둥글다.'라는 말은 언제나 맞는 말이야. 앞으로도 절대 바뀔 가능성이 없으니까.

그런데 역사는 그렇게 단순하지 않고, 정답이 딱 정해져 있지도 않아. 게다가 역사에 대한 해석도 시대에 따라 변한단다. 그중에서도 특히 고대 로마 제국의 역사는 길고, 장황하고, 복잡하고, 흥미로워서 연구자에 따라 그 해석도 다 제각각이야.

인류 역사를 살펴보면 대제국을 건설한 나라는 꽤 있어. 하지만 로마 제국처럼 오랫동안 제국을 유지한 나라는 없단다. 로마는 기원전 759년에 생겨나 기원후 476년 서로마가 망할 때까지 약 1,200년 동안 이어졌어. 1453년에 망한 동로마 제국을 포함하면 거의 2,200년 동안 제국을 유지한 셈이지.

이렇게 긴 시간 동안 로마의 역사는 엎치락뒤치락하며 숱한 역사적 장면을 만들어 냈어. 너희도 흥미진진한 로마의 역사 이야기 한두 가지 정도는 들어 봤을 거야. 그런데 그동안 사실로 알려졌던 것이 거짓으로 밝혀지는 경우도 많고, 반대로 거짓이라고 여겼던 것이 사실로 밝혀지는 경우도 종종 있단다. 또 역사학자마다 로마 역사를 다르게 해석하기 때문에, 다양한 해석을 보는 재미도 쏠쏠하지.

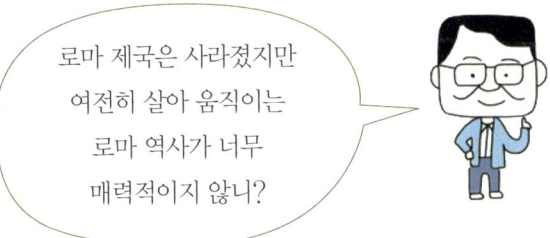

로마 제국의 역사는 지금까지도 우리 생활에 영향을 미치고 있어. 손목시계나 책의 목차에서 'I, II, III, IV, V' 같은 숫자를 본 적 있을 거야. 바로 로마인들이 쓰던 숫자야. 그뿐만이 아니

야. 학술 용어에는 고대 로마인들이 쓰던 라틴어가 아직 많이 남아 있어. 그리고 로마의 법은 오늘날 여러 민주 국가의 법률 체계에 큰 영향을 미쳤지. 이렇게 현대와 연관 지어 생각해 볼 수 있는 것 또한 로마 역사 연구의 매력이야.

난 영화를 좋아하는데, 그중에서도 미스터리나 스릴러 장르를 특히 좋아해. 만약 나와 취향이 같다면, 너희도 분명 로마 역사를 좋아하게 될 거야. 고대 로마 역사의 현장은 온통 미스터리로 가득 차 있거든. 암살, 독살, 내전, 전쟁, 배신, 반전을 빼고서는 로마의 역사를 논할 수가 없단다. 로마 역사에 등장하는 인물이 언제 어디서 어떻게 죽을지는 절대 상상 불가! 어떤 상상을 하든 그 이상을 보게 되거든.

　유럽 중앙부로 로마의 세력권을 확장한 카이사르, 초대 황제로서 로마 평화의 첫발을 내디딘 아우구스투스, 3세기 중엽 군인 황제 시대를 극복하고 로마 제국이 다시 발전할 수 있도록 그 토대를 마련한 디오클레티아누스, 그리고 로마가 크리스트교 국가로 가는 길을 연 콘스탄티누스, 이 네 명의 이야기는 웬만한 미스터리 스릴러 영화보다 훨씬 재미있단다.

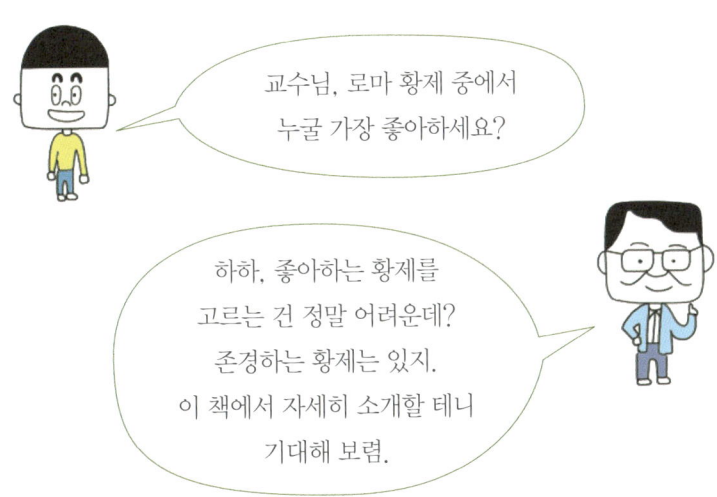

교수님, 로마 황제 중에서 누굴 가장 좋아하세요?

하하, 좋아하는 황제를 고르는 건 정말 어려운데? 존경하는 황제는 있지. 이 책에서 자세히 소개할 테니 기대해 보렴.

왜 우리는 로마 역사를 배워야 할까?

난 가끔 휴가를 내서 고대 로마의 유적이 남아 있는 포로 로마노(로마 광장)와 팔라티노 언덕을 찾곤 해. 사진기를 들고 무너진 성터, 카이사르가 죽은 곳 등을 찍으며 돌아다니지. 난 그렇게 로마 역사의 현장을 직접 보며 '고대 로마 역사로부터 우리가 배워야 할 게 무엇이 있을까?' 하고 생각해 보는 걸 좋아하거든. 그리고 영광과 쇠락의 로마 역사를 떠올리며 역사를 연구하는 의미에 대해 되새기곤 한단다.

로마는 기원전 753년에 세워져 세계적인 대제국으로 성장했어. 넓은 영토에서 다양한 민족들이 함께 어울려 오랜 시간을 함께 살아왔지.

포로 로마노

그들은 어떻게 그렇게 긴 시간 동안 큰 제국을 유지하며 번영을 누렸을까? 여러 가지 이유가 있겠지만, 난 로마인들의 관용성과 포용성, 개방성이 큰 몫을 했다고 생각해. 로마의 지도자들은 적에게 관용을 베풀고 전쟁에서 패배한 군대까지 로마로 편입시켰어.

게다가 로마가 정복해서 다스리던 속주*의 문화와 종교를 존중했는데, 속주 출신이라 할지라도 능력만 있으면 집정관*이나 심지어 황제가 될 수도 있었단다.

* **속주**: 로마가 점령한 이민족의 땅.
* **집정관**: 행정과 군사를 담당한 로마 공화정 최고 선출직 관리.

로마는 또한 신뢰와 정의를 중요하게 생각하는 나라였어. 로마의 지도자들은 자신이 내뱉은 말에 책임을 다하려고 노력했어. 적과의 약속도 꼭 지키기 위해 노력했고, 정의롭지 못한 일은 하지 않으려고 했지.

책임감 강한 모습도 많이 볼 수 있어. 자신이 가지고 있던 돈도 나라를 위해 아낌없이 내놓았지. 아우구스투스 황제는 나라가 어려워지자 자기 개인 돈으로 네 번이나 국고를 지원했단다.

로마가 천 년이 넘는 세월 동안 대제국을 유지할 수 있었던 건 이런 지도층들의 사고방식과 깊은 관련이 있어. 그들의 탁월한 리더십이 있었기에 세계 최강국이 될 수 있었던 거지. 난 너희가 로마 역사를 통해 이런 리더십을 기를 수 있었으면 좋겠어.

지금의 지구촌은 정치, 경제, 문화 여러 면에서 연결되어 있어. 예전보다 훨씬 쉽게 서로 교류하며, 여러 영향을 주고받지. 그래서 우리는 다른 문화권에 사는 사람들에 대해 깊이 이해할 필요가 있어. 특히 우리와 교류가 잦고 비슷한 정치 체제를 갖추고 있는 서양 문화권 사람들의 문화를 알면 앞으로 살아가는 데 여러 가지로 도움이 될 거야.

> 로마의 역사를 모르고서는
> 서양의 역사를 논할 수 없어.

로마는 서양 역사에 매우 큰 영향을 끼쳤어. 그래서 난 우리가 로마의 역사를 배워야 한다고 생각해. 로마의 역사를 공부한다는 건 현대 문명과 서양 문화의 뿌리를 찾는 일이니까.

어릴 때부터 서양사를 좋아하셨나요? 서양사학자가 되신 계기가 궁금해요.

나는 어려서부터 성경 읽기를 좋아했어. 그리고 성경이 단지 종교 서적이 아니라 실제 일어난 역사를 기록한 것이라 생각했기 때문에 성경 속 이야기들의 역사적인 배경에도 관심이 많았지. 예수님이 갈릴리 지방과 예루살렘을 오가며 많은 사람들을 만나는 이야기와 그 과정에서 일어난 사건들에 대해 더 알고 싶어서 도서관에 가서 지도나 백과사전을 찾아보기까지 했단다. 조용한 도서관에서 책을 읽으며 새로운 정보를 하나하나 알아 가는 게 너무나 즐거웠고, 그런 즐거운 경험 덕분에 대학에 입학할 때 서양사학과를 선택하게 된 것 같아.

4년 동안 대학에서 공부하면서 서양의 문화가 15세기 이후에 세계 곳곳으로 퍼져 나가 전 세계에 영향을 끼치고 있다는 사실도 더 자세히 알게 되었어. 그건 우리나라도 예외는 아니었지. 정치, 경제, 사회, 문화, 종교 같은 영역은 물론 개개인의 삶에도 서양의 문화가 깊숙이 들어와 있는 것을 깨달았어. 그리고 그 서양 문화의 바탕은 바로 그리스 로마로 이어진 헬레니즘과 유대교에서 크리스트교로 이어진

헤브라이즘이라는 것도 말이야. 특히 로마인들이 고대 지중해 세계를 정복하고 헬레니즘과 헤브라이즘을 통합해서 서양 고대 문명을 꽃피우고 위대한 역사를 만든 이야기는 나에게 언제나 학구열을 불러일으키는 주제였어.

그래서 로마사를 더 연구하기 위해 대학원에 입학했고, 로마의 초대 황제가 되어 로마의 평화 시대를 이끈 아우구스투스의 정치적 업적에 대해 더 깊이 공부해서 박사 학위를 받았지.

대학 교수가 되어 서양 고대사를 계속 연구하는 지금도, 고대 로마인들의 업적이 오늘날 우리에게 여전히 큰 영향을 끼치고 있다는 걸 다시금 깨닫는단다. 내가 알게 된 놀랍고 재미있는 로마의 이야기를 너희들에게도 많이 소개해 볼게.

2장 로마는 하루아침에 이루어지지 않았다

- 로마는 어떤 나라였을까?
- 지중해를 차지하기 위한 100년 전쟁

로마는 어떤 나라였을까?

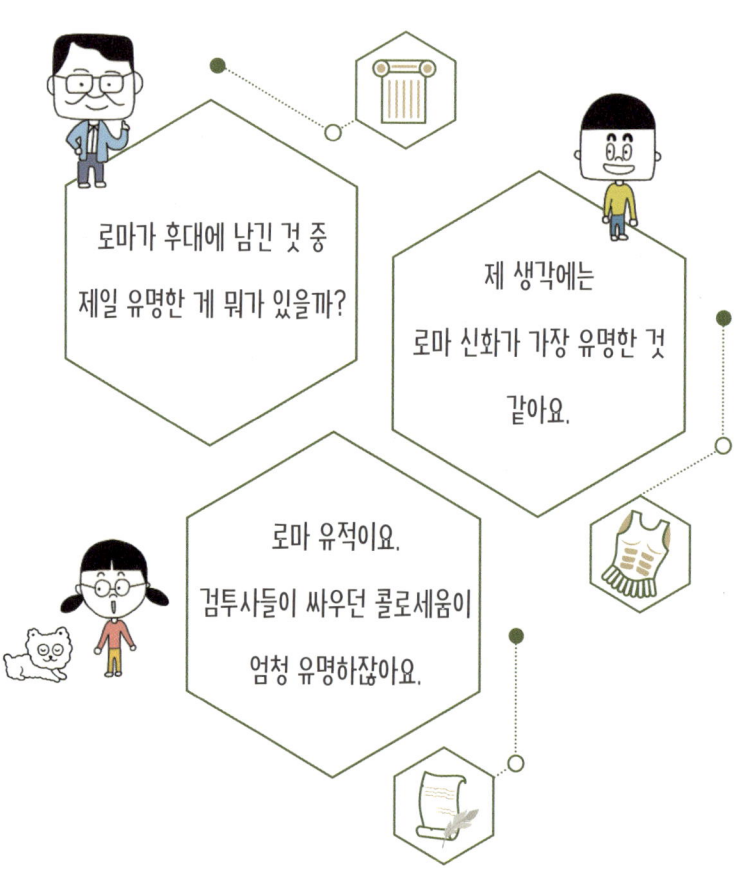

로마가 후대에 남긴 것 중 제일 유명한 게 뭐가 있을까?

제 생각에는 로마 신화가 가장 유명한 것 같아요.

로마 유적이요. 검투사들이 싸우던 콜로세움이 엄청 유명하잖아요.

지금의 로마는 이탈리아의 수도 이름이지만 원래는 나라 이름이었어. 그것도 유럽, 아프리카, 아시아, 세 대륙에 걸쳐 있던 어마어마하게 큰 제국이었지. 지중해 주변과 유럽 대부분이 다 로마의 영토였단다. 얼마나 큰 나라였으면 '모든 길은 로마로 통한다.'는 말이 생겼을까.

물론 로마가 처음부터 이렇게 큰 나라는 아니었어. 너희가 기원전 8세기경 로마의 모습을 본다면 아마 깜짝 놀랄걸? 그 당시 로마는 너무 초라해서 내세울 게 하나도 없었거든. 이탈리아 중서부 지방에 일곱 개의 작은 마을이 있었는데, 이 작은 마을 일곱 개를 합쳐서 로마라고 불렀단다.

그런데 문제는 이 작은 로마 북쪽에 엄청 힘이 센 도시 국가가 있었다는 거지. 로마는 그 힘에 눌려 약 100년 동안은 그들의 왕에게 복종할 수밖에 없었어. 물론 호시탐탐 그들에게서 벗어날 기회를 엿봤지. 그러다 드디어 기원전 6세기경에 왕을 쫓아내고 독립했단다.

그런 다음 누구를 왕으로 삼았을까? 왕이라면 아주 지긋지긋했던 로마인들은 기원전 509년에 그냥 왕 없이 한번 살아 보기로 했어. 이건 당시로는 정말 획기적인 생각이었어.

그 대신 대표를 뽑아서 나랏일을 맡기기로 했어. 그렇지만 그 대표들이 왕처럼 굴면 곤란하니까 임기를 딱 정해 놓았지. 이것을 '공화정'이라고 불렀어. 그리고 로마 공화정에서는 로마의 지도자들로 구성된 원로원이 가장 큰 결정권을 가지고 있었어.

당시 로마 시민은 귀족과 평민으로 이루어져 있었고, 노예는 사람 대접을 받지 못했어. 행정이나 군사를 담당한 집정관은 로

< 공화정의 시작 >

마의 최고 권력자들로서 시민들의 모임인 민회에서 선출되었지. 집정관은 주로 귀족들 중에서 두 사람을 뽑았는데, 원로원은 거의 귀족들로 이루어진 기관으로 집정관들은 원로원 의원들의 조언을 따라야 했지.

이렇게 공화정 초기에는 귀족들만 정치에 참여하다 보니까 모든 게 다 귀족들에게 유리하게 돌아갔어. 그러자 어느 날 평민들이 들고일어났단다. 자신들도 정치에 참여할 수 있게 해 달라는 거지. 평민들은 전쟁이 일어나면 병사가 되어 나라를 위해 싸우고, 나라에 세금을 바치는 계급이야. 그런 평민들이 없으면 나라를 운영할 수 없으니 귀족들은 협상을 할 수밖에 없었어.

이렇게 해서 평민들은 평민회를 만들고 평민들의 권리를 대변할 호민관 두 명을 뽑았단다. 그리고 문서로 된 법을 만들라고 요구했어. 그렇게 해서 기원전 450년경에 평민의 권리를 법으로 보장한 '12표법'이 만들어져. 12표법이 공포된 뒤부터 로마는 법에 따라 정치를 하는 '법치 국가'가 되었지.

이후 로마의 영향으로 서양의 여러 나라에서는 법을 만들고, 그 법에 따라 나라를 운영하는 법치 국가의 전통을 따르게 되었단다.

로마는 이렇게 법을 바탕으로 제도와 사회 질서를 정비했어. 그리고 군사력을 키워 그 세력을 점점 넓혀 나갔지.

로마 영토가 넓어지자 원로원에서는 속주에 총독을 보내 다스리게 했는데, 이 총독들이 자기들이 다스리는 땅에서 왕처럼 행세하지 뭐야. 게다가 속주 곳곳에서 반란이 일어나고, 외부의 침략은 끊임없이 이어졌지.

이제 강력하게 나라를 이끌어 갈 수 있는 절대적인 권력자가 필요해진 거지. 이런 이유로 약 480여 년 동안 이어져 내려오던 공화정은 끝이 나고 황제의 지배를 받는 제국으로 바뀌게 되는데, 이를 로마의 '제정 시대'라고 해.

기원전 27년 옥타비아누스가 수많은 반란을 평정하고 실질적인 황제로 등극하면서부터 황제 1인 체제로 정치 형태가 변했어. 그 후 수많은 황제가 등장하는데, 이 책에서는 그중에서도 뛰어난 리더십을 발휘한 4명을 뽑아서 살펴볼 생각이야.

로마의 역사는 이렇게 왕정 시대, 공화정 시대, 제정 시대로 나눌 수 있어. 기원전 753년 처음 나라가 세워졌을 때는 왕정 시대였지만, 기원전 509년에 귀족들의 대표 기관인 원로원과 투표로 뽑힌 집정관이 다스리는 공화정으로 바뀌었어. 공화정은 약 480여 년 동안 이어졌지. 그러다 기원전 27년에 나라가 어마어마하게 커지면서 황제가 강력한 힘을 앞세워 나라를 다스리는 제정 시대가 시작된 거란다.

지중해를 차지하기 위한 100년 전쟁

자, 지금부터는 로마가 어떻게 지중해 세계를 몽땅 차지할 수 있었는지 살펴보도록 하자.

초기의 로마는 이웃 나라인 그리스의 문화에 푹 빠져 있었어. '메이드 인 그리스'라고 하면 코 푼 휴지도 수입할 정도였지. 로마는 그리스에서 중장 보병 밀집 대형이라는 새로운 전술도 배워 익혔고, 이 전술을 앞세워 주변 국가들을 모두 압도하고 리더 국가로 성장했어.

그러다 기원전 390년에 로마는 큰 시련을 맞이하게 돼. 이탈리아 북부의 갈리아인 전사들이 로마로 쳐들어온 거야. 사실 당시 로마의 기세는 하늘을 찌를 듯했어. 그래서 로마는 싸움 잘하는 갈리아인 전사들과 한번 붙어 볼 만하다고 생각했지.

하지만 아쉽게도 동네 전투만 치러 본 로마는 갈리아인 전사의 상대가 되지 못했어. 갈리아인 전사들은 순식간에 로마를 점령하고 도시를 거대한 숯덩이로 만들어 버렸지. 그런데 갈리아인 전사들은 전쟁이 끝난 다음 배상금만 챙겨서 자기들이 살던 땅으로 돌아갔단다. 로마를 혼내 주려던 거지 영토에는 별 욕심이 없었나 봐.

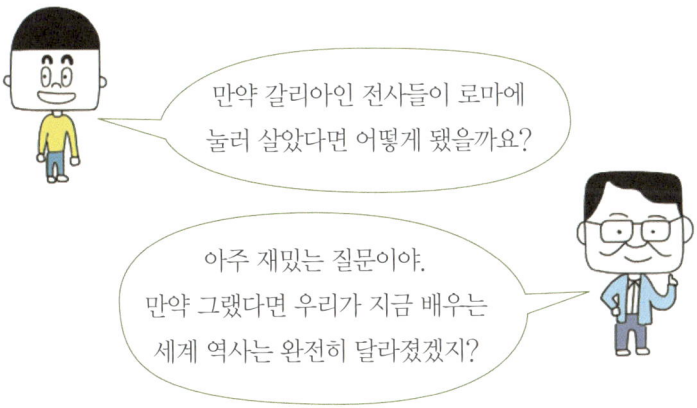

만약 갈리아인 전사들이 로마에 눌러 살았다면 어떻게 됐을까요?

아주 재밌는 질문이야. 만약 그랬다면 우리가 지금 배우는 세계 역사는 완전히 달라졌겠지?

이 처절한 패배는 로마에게 좋은 약이 되었어. 강력한 군사력의 필요성을 절실히 깨닫고 국가 조직까지 개편해서 강력한 군대를 키운 로마는 주변 여러 도시 국가를 하나하나 점령하기 시작했어. 그리고 마침내 기원전 272년, 지금의 이탈리아반도 전체를 몽땅 '꿀꺽!' 하는 데 성공했지.

로마는 더 넓은 지중해로 진출하고 싶었지만 지중해에는 아주 강력한 적이 떡 버티고 있었어. 당시 지중해 세계의 우두머리, 카르타고야. 로마와 카르타고는 한동안 눈싸움을 하듯 서로를 노려보다가, 결국 한판 승부를 겨루게 돼. 길고 긴 '포에니 전쟁'의 시작이야.

모두 전통 강자인 카르타고의 승리를 점쳤지만 로마는 모두의 예상을 뒤엎고 카르타고를 무찔렀단다. 그것도 카르타고의 특기인 해전에서 카르타고의 무적 해군을 무찌른 거야.

1차 포에니 전쟁에서 진 카르타고는 20년 동안 이를 갈며 2차전을 준비했단다. 그리고 마침내 기원전 202년 카르타고의 전쟁 영웅인 한니발과 로마의 장군 스키피오가 북아프리카의 자마 평원에서 최후의 결전을 벌였어. 한니발은 코끼리와 기병으로 로마군을 깨뜨리려고 했지만 스키피오 장군이 한발 빨랐어. 2차 포에니 전쟁에서도 로마는 또다시 카르타고를 무찔렀단다.

치열했던 2차전에서 로마가 승리하면서 사실상 포에니 전쟁의 승패는 결정이 났어. 카르타고가 다시 덤빌까 봐 걱정됐던 로마는 카르타고가 다른 나라와 전쟁하는 것까지 금지하는 아주 불공정한 조약까지 맺었어.

그런 다음 로마는 아주 음흉한 작전을 세웠어. 바로 카르타고의 이웃 나라 누미디아를 부추겨 카르타고를 공격하게 한 거야. 하지만 카르타고는 맞서 싸울 수가 없었어. 로마와 억지로 맺은

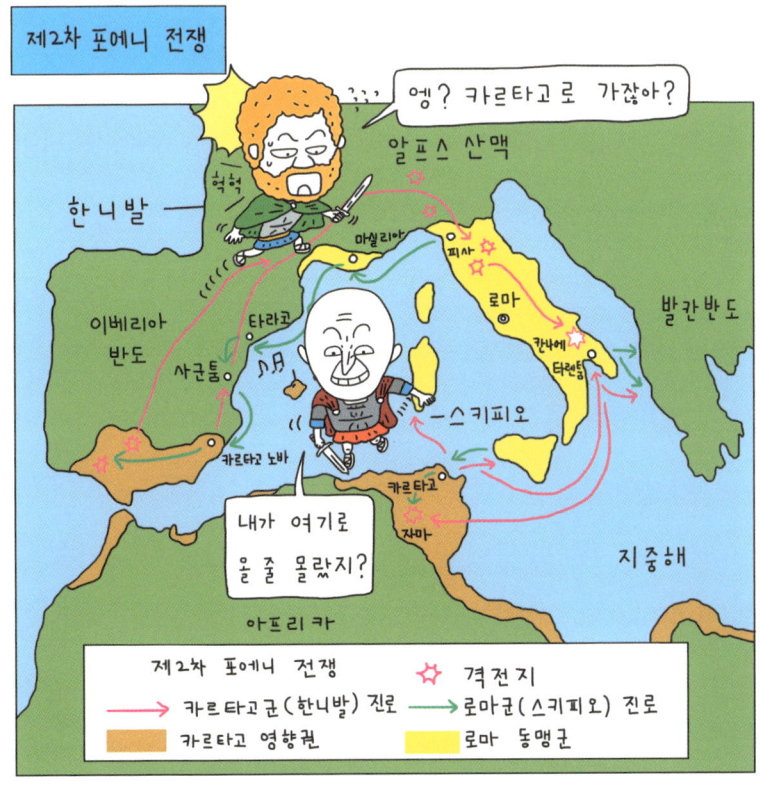

조약에 다른 나라와 전쟁을 하면 로마가 공격하겠다는 문구가 있었거든. 하지만 참는 데도 한계가 있으니 카르타고는 결국 칼을 들었어. 그리고 로마는 기다렸다는 듯 카르타고를 짓밟았지. 이때 로마가 카르타고의 성을 몽땅 무너뜨리는 바람에 후세의 역사학자들이 제대로 된 유적조차 찾을 수가 없을 정도란다.

그리고 야금야금 지중해 여러 나라를 차지하면서 강력한 제국을 세웠지. 그냥 간단하게 지중해 연안에 있는 나라 중 이집트 빼고 다 로마의 지배 아래 들어갔다고 보면 돼.

로마는 드디어 지중해의 일인자가 되었어. "땅이 어마어마하게 넓어진 덕에 로마 시민들은 아주 행복하게 잘 살았단다."라고 결론을 맺을 수 있다면 얼마나 좋을까. 그럼 이 페이지가 이 책의 마지막 페이지가 되었을 텐데. 아쉽게도 현실은 그렇지 못했어. 로마는 지중해 세계를 모두 재패했지만 온갖 문제로 머리가 아팠단다.

우선 새로 정복한 땅이 공평하게 나눠지지 않았어. 피땀을 흘린 로마 병사들은 대부분 평민이었는데, 전쟁을 통해 얻은 것들은 대부분 귀족이 다 차지해 버렸단다. 전쟁이 끝나고 고향으로 돌아온 평민들은 한숨만 푹푹 내쉬었지. 오랫동안 돌보지 않아

땅이 못쓰게 돼 버린 데다가, 속주에서 값싼 농산물을 수입해 오는 바람에 로마 농민들의 곡식은 잘 팔리지도 않았거든. 농민들은 결국 땅을 팔 수밖에 없었고 귀족들은 그 기회를 놓치지 않고 싼값에 땅을 사들였지. 귀족들은 계속 부자가 됐고, 평범한 농민들은 점점 더 가난해졌어.

이런 횡포를 견디다 못한 농민과 노예들은 곳곳에서 반란을 일으켰어. 로마 국경 지대에서는 하루가 멀다고 전투가 벌어졌지.

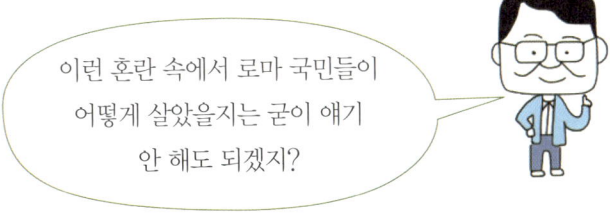

이런 혼란 속에서 로마 국민들이 어떻게 살았을지는 굳이 얘기 안 해도 되겠지?

한마디로 당시 로마는 뭔가 획기적인 개혁이 필요한 시기였어. 이런 시기에 나타난 로마의 영웅이 바로 카이사르란다.

포에니 전쟁에 대해 더 자세히 알고 싶어요.

포에니 전쟁은 100년이라는 긴 세월 동안 이어진 전쟁이야. 여기서는 아주 간략하게 2차 포에니 전쟁에 대해서만 설명할게. 참고로 '포에니'는 로마인들이 카르타고인들을 부르던 이름이야.

2차 포에니 전쟁은 기원전 218년~기원전 202년 사이에 일어났는데, 카르타고의 전쟁 영웅인 한니발은 1차전의 복수를 위해 병사들을 이끌고 로마를 향해 출전했어. 보병 4만 명, 기병 6천 명 그리고 코끼리 60마리와 함께 로마를 쳐들어갔어. 코끼리로 로마군을 다 밟아 죽일 계획이었지.

카르타고에서 배를 타면 로마까지 며칠이면 갈 수 있어. 그런데 한니발은 알프스산맥을 넘기로 했어. 로마군은 카르타고군을 경계하기 위해 지중해만 쳐다보고 있었거든. 그러니 알프스산맥을 넘어 뒤에서 공격하면 로마군을 무찌를 수 있다고 생각한 거지.

문제는 알프스산맥을 넘는 게 보통 일이 아니었다는 거야. 산을 넘는 동안 병사 중 절반이 추위를 견디지 못해 달아나거나 목숨을 잃었

어. 하지만 한니발은 포기하지 않고 끝내 알프스를 넘어 로마로 쳐들어갔단다. 로마군은 속수무책 당할 수밖에 없었지.

한니발은 로마군과의 전투에서 연달아 큰 승리를 거뒀어. 그렇게 이탈리아 본토에서 펼쳐진 전쟁은 무려 10여 년 동안 이어졌어.

로마 원로원은 당대 로마 최고의 장군이었던 스키피오에게 당장 한니발 군대를 쳐부수라고 명령했지. 하지만 스키피오는 카르타고 본토로 쳐들어가기로 했어. 로마를 치기 위해 병사를 다 끌고 나왔을 테니까 카르타고 본토에는 병사가 거의 없을 거라고 생각했던 거지.

기원전 209년 스키피오 장군은 3만 5천 명의 병사를 이끌고 카르타고를 공격했어. 결국 한니발도 기원전 203년 본국으로 소환되었고, 북아프리카의 자마 평원에서 한니발과 스키피오는 최후의 결전을 벌였어. 이때 한니발은 코끼리와 기병을 앞세워 로마군에 맞섰지만 전쟁의 신은 스키피오 장군의 손을 들어 주었지. 이로써 로마는 마침내 카르타고를 상대로 다시 승리할 수 있었단다.

3장 새로운 지도자 카이사르

- 왜 세 명이 로마를 다스리게 되었을까?
- 점점 커지는 카이사르의 권력욕
- 이불 보자기 안에서 튀어나온 클레오파트라
- 카이사르의 영광과 죽음

왜 세 명이 로마를 다스리게 되었을까?

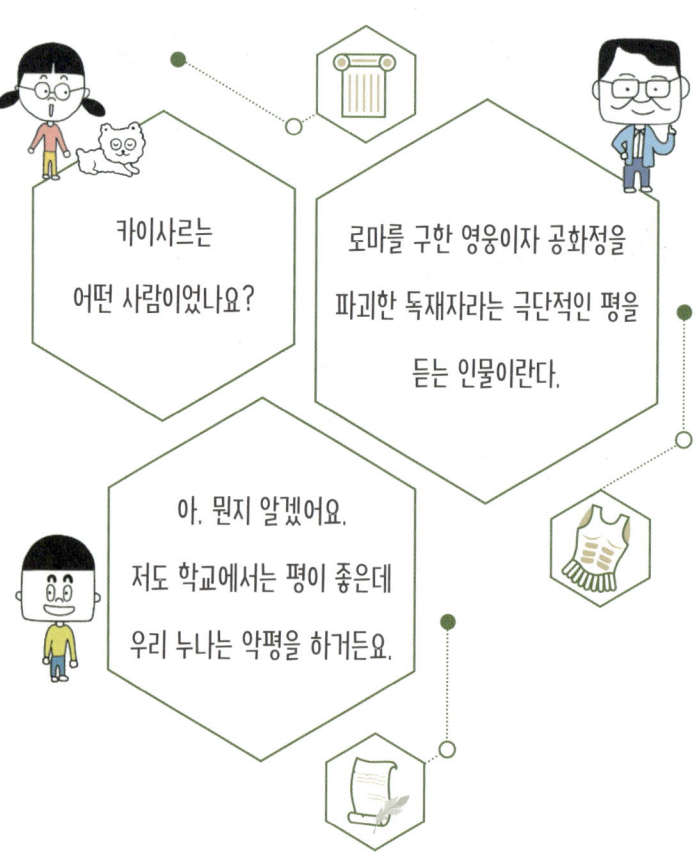

카이사르는 어떤 사람이었나요?

로마를 구한 영웅이자 공화정을 파괴한 독재자라는 극단적인 평을 듣는 인물이란다.

아, 뭔지 알겠어요. 저도 학교에서는 평이 좋은데 우리 누나는 악평을 하거든요.

카이사르는 로마 역사를 얘기할 때 절대 빼놓을 수 없는 인물이야. 카이사르는 기원전 100년경 로마의 귀족 가문에서 태어났어. 하지만 그가 16살쯤 되었을 때 가문이 폭삭 망해서 소년 가장이 되었지. 그러다 20살쯤 되었을 때 큰 뜻을 품고 군대에 입대했어. 당시 로마에서는 군인이 되어 공을 세우면 신분에 상관없이 누구나 부와 명예를 차지할 수 있었거든. 카이사르도 그걸 노린 거야. 그 생각은 틀리지 않았어. 그는 전쟁에 나가 계속 공을 세웠고, 그 덕분에 승진을 거듭했단다.

그 당시 로마의 권력은 폼페이우스와 크라수스가 나눠 가지고 있었어. 폼페이우스는 군사력이 강했고, 크라수스는 아주 부유한 정치가였지. 원로원 의원들은 폼페이우스와 크라수스가 나라를 쥐고 흔드는 것에 불만이 많았고, 폼페이우스와 크라수스는 원로원 의원들이 자신들이 원하는 법을 안 만들어 준다며 불만이 가득한 상태였단다.

이때 카이사르가 중재자로 나섰어. 폼페이우스와 크라수스에게 셋이 힘을 모아 함께 정치를 하자고 제안한 거야. 자신이 집정관이 될 수 있게 도와주면 원로원 의원들을 설득해서 폼페이우스와 크라수스가 원하는 법안을 모두 통과시켜 주겠다면서 말이야.

　크라수스는 카이사르의 제안을 쉽게 받아들였지만 폼페이우스는 의심이 많았어. 카이사르는 폼페이우스의 의심을 잠재우기 위해 16살밖에 되지 않은 자신의 외동딸 율리아를 자기보다 나이 많은 폼페이우스와 결혼시켰단다.

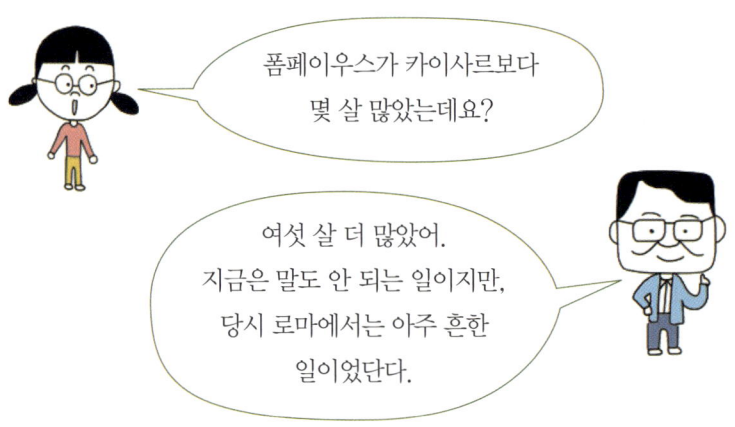

폼페이우스가 카이사르보다 몇 살 많았는데요?

여섯 살 더 많았어. 지금은 말도 안 되는 일이지만, 당시 로마에서는 아주 흔한 일이었단다.

　이렇게 해서 카이사르, 폼페이우스, 크라수스, 세 사람이 로마를 함께 다스리게 됐는데, 이것을 가리켜 '삼두 정치'라고 해.

　폼페이우스와 크라수스는 약속대로 카이사르가 기원전 59년 집정관으로 당선되도록 도왔어. 이제 그들이 원하는 걸 줘야겠지? 카이사르는 원로원이 자기 말을 들어주지 않자, 불량배들

<삼두정치>

을 동원해 원로원 의원들을 협박해서 법안을 통과시켰단다. 카이사르가 어떤 성격인지 잘 보여 주는 사건 중 하나야. 어쨌든 이렇게 서로가 원하는 것을 얻은 세 사람은 아주 잠깐 동안이었지만 사이좋게 로마를 다스렸어.

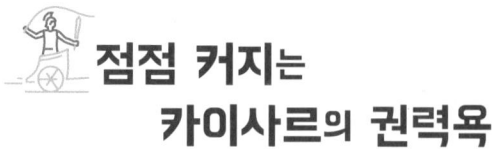
점점 커지는 카이사르의 권력욕

 화장실 갈 때 마음과 나올 때 마음이 다르다는 말 들어 본 적 있지? 당시 카이사르가 딱 그랬어. 집정관이 된 카이사르는 권력을 마음껏 휘두르기 시작했단다.

 폼페이우스와 크라수스가 그걸 가만히 보고만 있진 않았겠지? 그들은 원로원을 꾀어서 건방이 하늘을 찌르는 카이사르를 당장 머나먼 갈리아 총독으로 보내 버리기로 했어. 원로원도 찬성했지. 세 명 중 한 명이라도 멀리 보내는 게 원로원에게 유리하니까.

 로마 공화정의 집정관이라는 자리가 분명 높은 관직이긴 하지만, 그렇다고 원로원의 명을 거부할 수 있을 정도는 아니었어. 결국 카이사르는 원로원이 시키는 대로 갈리아로 떠날 수밖에 없었지.

갈리아 지역이 어디냐고? 지금의 프랑스, 독일, 벨기에 땅에 해당해. 지금이야 살기 좋은 곳이지만 로마 시대의 갈리아는 오지 중에서도 오지였어. 게다가 하루가 멀다고 여러 부족이 반란을 일으키는 곳이었지. 사실 귀양이나 마찬가지지.

하지만 카이사르는 로마 역사상 최고의 승부사였어. 카이사르는 갈리아에 흩어져 있던 여러 부족들을 하나씩 무너뜨렸고, 그의 이런 활약상은 로마 전역에 널리 알려졌어.

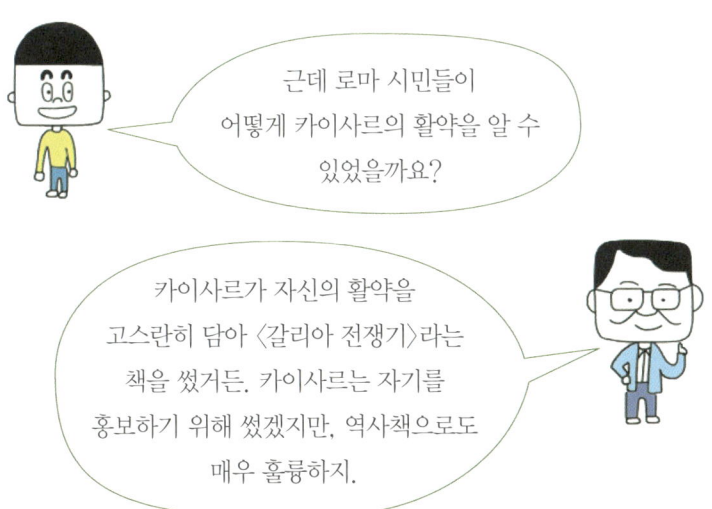

근데 로마 시민들이 어떻게 카이사르의 활약을 알 수 있었을까요?

카이사르가 자신의 활약을 고스란히 담아 〈갈리아 전쟁기〉라는 책을 썼거든. 카이사르는 자기를 홍보하기 위해 썼겠지만, 역사책으로도 매우 훌륭하지.

사람들은 갈리아 정복 전쟁에서 승리한 카이사르를 로마의 영웅으로 칭송하기 시작했지. 결과적으로 카이사르의 승부수는 대성공이었어. 치열했던 갈리아 전쟁에서 최후의 승자가 됐거든.

난 가끔 카이사르가 갈리아 총독으로 쫓겨나지 않았다면 어떻게 됐을지를 생각하곤 해. 그랬다면 카이사르는 평범한 정치인으로 살다가 평온하게 생을 마감했을지도 몰라. 그랬다면 로마의 역사는 완전히 다른 방향으로 흘러갔을 거야.

쓸데없는 상상 같은 것은 하지 말고 공부나 열심히 하라고 잔소리하는 어른들도 있을 거야. 하지만 내 생각에는 이런 상상을 하며 역사를 익히면 역사 공부가 더 흥미로워지는 거 같아.

카이사르의 활약을 로마 사람이 다 좋아한 건 아니었어. 특히 크라수스는 카이사르의 성공에 눈이 반쯤 뒤집혔던 것 같아. 로마의 떠오르는 태양이 돼 버린 카이사르와 자신을 비교하니 초조해진 거야. 그래서 크라수스는 무리한 선택을 하고 말아. 대규모 원정에 나선 거야.

하지만 그는 이 전쟁에서 참담한 패배를 맛봐야 했어. 4만 명의 병사 중 1만 명만 살아남았고, 크라수스는 적들에게 사로잡

혀 생을 마감했지. 한때 로마를 쥐고 흔들던 권력자가 이렇게 비참한 최후를 맞을 줄 누가 알았겠어?

크라수스가 죽자 폼페이우스는 로마의 권력을 독차지했어. 그러면서 카이사르가 돌아오는 것을 걱정했겠지. 폼페이우스와 카이사르는 이미 냉전 상태였어. 왜냐하면 폼페이우스의 아내이자 카이사르의 딸인 율리아가 아이를 낳다가 죽었거든.

그렇지 않아도 대립할 일이 많았는데, 두 사람 사이의 매개체 역할을 하던 율리아도 없으니, 사이가 좋을 일이 없지.

원로원도 카이사르의 존재가 불편하긴 마찬가지였어. 막강한 군대를 거느린 카이사르는 두려움의 대상이었거든. 마음이 급해진 원로원은 갈리아 총독인 카이사르에게 소환장을 보냈어. 아래는 그 소환장의 일부 내용이야.

> 카이사르는 원로원 허락 없이 마음대로 군대를 움직였다. 이에 원로원은 카이사르를 법정에서 심판하기로 결정했으니 속히 로마로 귀환하라.

9년 동안 로마를 위해 목숨을 걸고 전쟁을 했는데, 상은커녕 재판을 받으라니! 그렇다고 원로원의 명령을 무시할 수도 없는 노릇이었지.

기원전 49년 1월, 소환장에 따라 로마로 향하던 카이사르는 갈리아와 로마 본국의 경계에 있는 루비콘강에 다다랐어. 로마

의 법에 따르면 루비콘강을 건너 로마로 들어올 땐 무기를 지니면 안 돼. 당연히 군대를 거느리고 와서도 안 되지. 카이사르는 이 루비콘강을 앞에 두고 문득 생각에 잠겼어.

'나 홀로 로마로 들어가면 그들이 나를 살려 둘까?'

고민 끝에 카이사르는 군대를 이끌고 로마로 들어가기로 결

정했어. 이것은 로마에 대한 반역이나 다름없었어.

카이사르가 루비콘강을 건너 로마로 진격하고 있다는 소식을 들은 폼페이우스와 원로원은 맞서 싸울 생각은 안 하고, '걸음아, 날 살려라!' 하며 그리스로 도망을 쳤단다.

그래서 카이사르는 아무런 저항도 받지 않고 로마에 입성했어. 그리고 도망친 폼페이우스와 원로원 무리를 쫓아가 끝장을 보기로 했단다. 폼페이우스가 배를 타고 그리스로 도망치자, 카이사르도 그 뒤를 쫓아 그리스로 갔지.

그리고 기원전 48년 여름, 양쪽 군대는 마침내 최후의 결전을 벌였어. 결과는 당연히 카이사르의 승리였지. 그런데 전쟁에서 진 폼페이우스가 이번에는 이집트로 도망을 쳤어. 그리고 이 선택은 폼페이우스의 운명을 결정짓는단다.

허겁지겁 이집트로 간 폼페이우스는 이집트의 왕 프톨레마이오스 13세를 만나 도움을 청했어. 그땐 프톨레마이오스 13세가 누나인 클레오파트라를 몰아내고 왕이 된 지 얼마 안 되었을 때였지.

그때는 인터넷이나 텔레비전도 없었는데 소문은 놀랍도록 빨랐나 봐. 앞으로 누가 로마의 지도자가 될지, 이미 이집트에도 소문이 쫙 퍼져 있었고 프톨레마이오스 13세도 그걸 잘 알고 있었지. 그래서 그는 자신을 찾아온 폼페이우스의 목을 싹둑 베어 버렸어. 폼페이우스 입장에서는 호랑이 입안으로 들어간 셈이지.

불쌍한 폼페이우스는 그렇게 역사에서 퇴장을 했단다.

이불 보자기 안에서 튀어나온 클레오파트라

 기원전 48년 10월, 폼페이우스를 쫓아 이집트에 도착한 카이사르는 예상하지 못했던 선물을 받았어. 카이사르 숙소로 둘둘 만 이불 보자기가 배달됐는데, 놀랍게도 그 안에서 이집트의 여왕 클레오파트라가 나타났지. 동생에게 밀려난 클레오파트라가 첩보 영화 속 장면처럼 카이사르를 만나러 온 거야. 그리고 그날 둘은 어찌어찌해서 연인 사이가 되었다고 해. 그리고 카이사르는 클레오파트라를 이집트 왕위에 올리기로 결심해.
 얼마 뒤, 카이사르가 이끄는 로마군과 프톨레마이오스 13세가 이끄는 군대가 맞붙었는데, 이 전쟁이 바로 그 유명한 알렉산드리아 전투야. 이 전투는 카이사르의 승리로 끝이 났어. 이집트의 군대도 강했지만, 수많은 전쟁터에서 승리했던 카이사르의 군대한테는 상대가 안 됐지.

그런데 이 전쟁으로 인해 고대에 가장 크고 중요한 도서관이었던 알렉산드리아 도서관이 불타 버렸어. 이 도서관에는 고대의 지식을 기록한 수많은 책이 보관되어 있었다고 해. 만약 그때 알렉산드리아 도서관이 불타지 않았다면 고대 로마를 연구하는 데 엄청 도움이 되었을 텐데…. 그 생각만 하면 너무 아쉬워.

전쟁을 승리로 이끈 카이사르는 클레오파트라를 왕좌에 앉혔어. 클레오파트라의 매력에 푹 빠진 카이사르는 10주나 휴가를 내고 클레오파트라와 함께 나일강 여행을 즐겼다고 해.

두 사람이 정말 사랑에 빠졌던 걸까요?

진심으로 서로를 좋아했는지 확인할 길은 없어. 그런 개인적인 감정은 역사책에 기록되지 않으니까 말이지.

하지만 이 둘의 만남은 정치적으로는 상당한 의미가 있었어. 카이사르에게 아프리카의 강국 이집트는 매우 중요한 나라였고 권력에서 쫓겨났던 클레오파트라에게도 카이사르와 로마는 든든한 방어막이었지. 즉, 이 둘이 손을 잡은 건 분명 서로에게 이득이 되는 일이었던 거야.

클레오파트라를 이집트 왕좌에 올리는 카이사르(피에트로 다 코르토나)

 카이사르의 영광과 죽음

　기원전 46년 로마로 돌아온 카이사르는 폼페이우스와 원로원 편을 들었던 사람들을 모두 용서하고 자기편으로 삼겠다고 선언했어. 그리고 수많은 개혁을 했는데, 그중 하나가 태양력을 도입한 거야. 그동안 로마인들은 태음력을 사용했는데, 태양력 덕분에 이전보다 훨씬 효율적으로 생활할 수 있었단다.

　또한 카이사르는 시민들을 위해 문화와 예술을 지원했어. 한동안 열리지 않았던 검투사 경기를 열어 로마 시민들에게 오락거리도 제공했지. 그리고 로마의 빈민들을 카르타고 같은 로마 속주로 이주시켜 새롭게 살아갈 수 있도록 도왔단다.

　하지만 문제는 카이사르의 지나친 권력욕이었어. 로마의 집정관 임기는 고작 1년이었거든. 집정관의 권한이 워낙 크기 때문에 한 사람이 오래 하지 못하도록 정해 둔 거야. 하지만 카이사르는 1년 임기의 집정관으로는 성이 차지 않았어. 그렇다고 대놓고 왕이 될 순 없었어. 로마 시민들은 왕이라는 말만 들어도 벌에 엉덩이를 쏘인 것처럼 펄쩍 뛰었거든.

그래서 카이사르는 기막힌 방법을 찾아내. 그건 바로 독재관이 되는 거였어. 로마는 공화국이라 어떤 문제를 결정하려면 여러 명이 모여 회의를 여러 번 한 뒤 투표로 결정을 했어. 민주적이긴 했지만 시간이 너무 많이 걸린다는 단점이 있었지. 그런데 독재관은 로마가 위기에 처했을 때 이를 극복하기 위해 만든 임시직이라 절대적인 권력을 행사할 수 있는 자리야. 카이사르는 이 독재관이 마음에 쏙 들었던 거 같아. 다만 임기가 6개월이라는 게 영 마음에 들지 않았지. 그래서 카이사르는 독재관의 임기를 10년으로 만든 뒤, 독재관으로 취임했단다. 그리고 3년 뒤에는 아예 독재관의 임기를 종신으로 바꿔 버려. 한마디로 종신 독재관이라는 탈을 쓴 왕이 된 거야.

이런 카이사르를 지켜보고 있던 원로원 의원들은 권력욕에 사로잡힌 카이사르 때문에 역사와 전통의 로마 공화정이 영영

사라질지 모른다는 불안감에 휩싸였지.

그런데 종신 독재관이 되어서 마음대로 권력을 휘두르던 카이사르가 어느 날 깜짝 발표를 해. 또 대규모 원정을 가겠다는 거야. 이 발표를 들은 원로원 의원들은 경악했어. 카이사르가 원정을 가면 또 승리할 게 뻔하고, 그러면 더욱 기세등등해진 카이사르가 진짜 왕이 되는 것을 막을 수 없을 것 같았지. 그렇게 되면 원로원의 힘이 더 줄어들 테니까 얼마나 싫었겠어.

그런데 바로 그 무렵, 이집트의 여왕 클레오파트라가 웬 아이를 안고 로마를 찾아왔어. 클레오파트라는 그 아이를 가리키며 카이사르에게 "당신의 아들입니다."라고 말했단다. 당연히 로마 사람들은 충격을 받았지.

그중에서도 가장 큰 충격을 받은 사람은 바로 브루투스야. 카이사르가 사랑했던 연인의 아들이기도 한 브루투스는 그동안 카이사르에게 특별한 대접을 받았거든. 그리고 자신이 로마 공화정을 처음 만든 가문의 후손이라는 자부심이 대단했지. 그런데 카이사르가 공화정을 무시하고 종신 독재관이 된 것도 모자라서 클레오파트라와 아이를 낳고 로마에 불러들이기까지 했으니 충격을 받을 만도 하지.

그래서 브루투스는 원로원 의원들과 작당을 하고 카이사르를 암살하기로 한 거야.

카이사르는 기원전 44년 3월 15일에 원로원에서 연설을 한 뒤, 군대를 이끌고 원정에 나설 예정이었어. 카이사르는 암살 계획을 모른 채 원로원 의원들 앞으로 걸어 나갔어. 그때 누군가 카이사르의 목을 칼로 찔렀단다. 칼을 맞은 카이사르는 그 자리에서 쓰러졌지만 원로원 의원들의 공격은 멈추지 않았어. 그 무리 중에는 카이사르가 아꼈던 브루투스도 있었지.

　로마 역사를 연구하는 학자 중에는 로마 역사에서 가장 극적인 인물로 카이사르를 꼽는 사람들이 많아. 카이사르만큼 로마 시민들의 사랑을 듬뿍 받은 정치인은 드물거든. 그러면서도 탁월한 리더십을 가진 지도자였어. 힘이 없을 때는 정치 세력을 끌어모아 제휴하고, 위기의 순간에는 과감하게 자신의 생각을 행동으로 옮겼어. 그리고 모든 시민을 포용해 국가 발전을 이룩했지. 심지어 그는 자신을 반대하는 적들도 포용했잖아. 그러나 결국 권력욕에서 벗어나지 못한 독재자가 되어 끔찍하게 암살된 지도자로 역사에 기록되어 있기도 해.

　지금도 누군가에게는 위대한 지도자로, 또 누군가에게는 폭군으로 평가되고 있단다. 2천 년 전의 인물에 대한 평가가 아직도 이렇게 엇갈리다니! 역사는 이래서 재미있다니까.

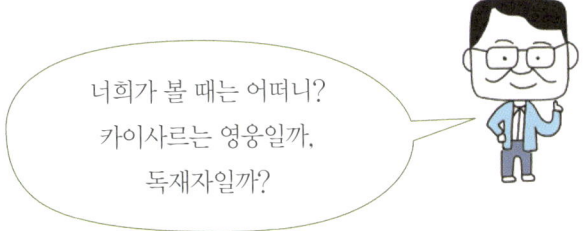

카이사르는 유명한 어록을 많이 남겼다고 하던데 어떤 것들이 있나요?

카이사르는 위대한 정치인이기도 했지만, 글을 잘 쓰는 작가이기도 했어. 작가로서의 재능도 출중했던 카이사르가 한 말 중에는 아직도 많은 사람들의 입에 오르내리는 것들이 많아. 아마 한 번쯤은 다들 들어 봤을 거야.

"왔노라, 보았노라, 이겼노라!"

이 말은 카이사르가 기원전 47년 폰토스의 파르나케스 2세와의 전쟁에서 승리한 직후 원로원과 로마 인민에게 보낸 승전보 전문이야. 카이사르는 이 간단하지만 확신에 찬 글을 통해 아직 내전 중인 로마에서 자신의 군사적 우월감을 원로원과 로마 인민에게 전달했단다.

"주사위는 던져졌다!"

이 말은 카이사르가 루비콘강을 건너기 전에 한 말이야. 무기를 가지고 루비콘강을 건너면 로마의 법을 어기는 것이고, 원로원을 상대

로 전쟁을 해야 한다는 걸 의미했어. 이 말은 운명에 몸을 맡기고 앞으로 나아가야 하는 자신의 상황을 표현한 거야. 자신과 로마의 운명을 결정지을 선택 앞에서, 이제 다시 돌이킬 수 없다는 의지를 표현하기에 아주 딱 맞는 말이지? 사실 이 말은 카이사르가 처음 한 건 아니고, 그리스의 시인이자 희극 작가였던 메난드로스의 작품에 나온 말이라고 해.

"브루투스, 너마저!"

카이사르가 자신을 살해하려는 무리 가운데서 자기가 신임하고 아꼈던 부하인 브루투스를 발견하고 한 말이야. 믿었던 사람에게 배신당했을 때 아직도 많이 쓰이는 말이지. 이 말 역시 영국의 작가인 셰익스피어가 쓴 '율리우스 카이사르'라는 작품에서 나온 말이야. 실제로 카이사르가 죽으면서 이렇게 말했는지 아닌지는 알 수 없지. 하지만 충분히 했을 법한 말이긴 하잖아. 얼마나 배신감을 느꼈겠어.

4장 아우구스투스, 로마의 평화 시대를 열다

- 로마를 뒤흔든 유언장
- 신의 아들 프로젝트
- 로마의 역사를 바꾼 악티움 해전
- 지상 최대의 정치쇼
- 로마 최초의 황제 아우구스투스

로마를 뒤흔든 유언장

아우구스투스 황제의 좌우명은 '천천히 서둘러라'였단다.

'천천히'랑 '서두르다'는 완전히 반대 뜻인데, 이걸 동시에 하라고요?

신중하고 부지런히 행동하라는 말 같아요!

카이사르가 세상을 떠난 뒤 그의 유언장이 공개되었어. 그땐 유언장을 미리 써 두었다가 당사자가 죽으면 공개했거든. 유언장 내용 중 가장 관심을 끈 건 뭐니 뭐니 해도 후계자 지정이지. 왜냐하면 카이사르는 권력을 물려줄 자식이 없었거든.

그런데 유언장 내용이 알려지자 사람들은 크게 당황했어. 그중에서도 카이사르의 측근이었던 안토니우스의 실망은 이루 말할 수 없었단다. 왜냐고? 놀랍게도 카이사르가 자기 누나의 외손자인 옥타비아누스를 양자로 삼아 상속자로 지정한다고 써 놓았거든. 그때 옥타비아누스의 나이는 불과 19살이었고, 게다가 로마의 명문가 출신도 아니었어. 한마디로 옥타비아누스는 완전히 뜻밖의 인물이었던 거야.

한편 카이사르의 암살에 가담했던 브루투스와 원로원 의원들은 속으로 큰 기대를 하고 있었어. 그야 카이사르가 죽었으니 이제 로마가 다시 정상적인 공화정으로 되돌아갈 거라고 믿었던 거지. 하지만 로마의 상황은 브루투스와 원로원 의원들의 기대와는 정반대로 흘러가기 시작했단다.

그리고 카이사르의 유언장에는 로마 시민들에 대한 내용도 적혀 있었어.

> 테베레강 건너에 있는 땅을 시민들에게 기부하고,
> 시민 일인당 300세스테르티우스씩 나눠 주어라.

이 유언장 내용을 본 로마의 평민들은 이토록 훌륭한 카이사르를 죽인 브루투스와 원로원에 복수를 해야 한다며 들고일어났어. 브루투스와 원로원 의원들은 부랴부랴 짐을 싸서 그리스로 도망칠 수밖에 없었지.

이 무렵 로마는 한 치 앞도 예측하기 힘든 상황으로 치닫고 있었어. 하루아침에 카이사르의 양아들이 된 옥타비아누스는 유언 집행자인 안토니우스를 찾아가 카이사르의 금고를 달라고 요구했어. 그런데 안토니우스는 질질 시간을 끌면서 그 돈을 주지 않는 거야. 안토니우스는 아직 어린 옥타비아누스를 만만하게 봤던 거 같아.

하지만 옥타비아누스는 뚝심이 있는 청년이었어. 안토니우스가 금고를 주지 않자, 카이사르의 옛 친구들에게 돈을 빌려서 카이사르의 유언대로 시민들에게 돈을 나눠 줬어. 그리고 카이사르를 추모하는 행사를 열어 로마 시민들에게 자기 이름을 널리

알렸지. 그러자 처음에는 그를 못마땅하게 보던 사람들도 그에게 호감을 갖기 시작했단다. 옥타비아누스는 이렇게 자기 자리를 서서히, 그러나 단단하게 다져 나간 거야.

안토니우스는 옥타비아누스가 더 이름을 알리기 전에 아예 싹을 잘라 버리기로 했어. 그래서 수단과 방법을 가리지 않고 옥타비아누스를 제거하려고 했단다. 물론 옥타비아누스도 그냥 가만히 당하고 있지는 않았지. 비록 전쟁 경험은 부족했지만 안토니우스에게 맞서기로 했어.

결국 기원전 43년 4월, 옥타비아누스를 지지하는 군대와 안토니우스의 군대가 충돌했어. 로마 사람들은 대부분 안토니우스의 승리를 예상했어. 안토니우스는 카이사르와 함께 평생 전장을 누빈 유능한 장수였거든. 하지만 상대를 너무 얕봐서일까? 안토니우스는 이 전투에서 패배의 쓴맛을 보게 된단다.

전쟁에서 패한 안토니우스는 부랴부랴 알프스 너머 서쪽으로 달아났어. 그곳에는 예전 카이사르 밑에서 같이 활약했던 늙은 장군 레피두스가 있었거든.

옥타비아누스는 도망치는 안토니우스를 추격하지 않고 그냥 로마로 돌아왔어. 그리고 그 기세를 몰아 로마 역사상 최연소 집정관이 된단다. 집정관이 된 그가 가장 먼저 한 일은 이름을 바꾸는 거였어.

그의 새로운 이름은
'가이우스 율리우스 카이사르 옥타비아누스'야.

자신이 카이사르의 정식 후계자라는 사실을 온 세상에 알리기 위해 조상들의 이름을 다 가져다 붙인 거지.

집정관이 된 옥타비아누스는 카이사르 암살범들을 처형할 것을 원로원에 요구했어. 하지만 원로원은 고개를 저었어. 왜 그랬을까? 카이사르 암살에 적극적으로 나선 게 누구야? 바로 원로원 의원들이잖아. 그런 원로원이 카이사르 암살범들을 처형하려고 하겠어? 그건 그야말로 자기 목에 칼을 겨누는 꼴이지.

옥타비아누스는 뭔가 새로운 방법을 찾아야만 했어. 그래서 그는 군대를 거느리고 레피두스와 안토니우스가 숨어 있는 북이탈리아로 향했어. 원로원에는 로마를 호시탐탐 노리는 레피두스와 안토니우스를 막기 위한 작전이라고 둘러댔지. 하지만 그건 핑계였고 옥타비아누스에게는 다른 꿍꿍이가 있었단다.

도대체 옥타비아누스는 무슨 생각으로 안토니우스와 레피두스를 찾아갔을까?

 신의 아들 프로젝트

　옥타비아누스는 지금의 볼로냐 근처에 있는 작은 섬으로 안토니우스와 레피두스를 불러냈어. 그리고 셋이서 손을 잡고 잘해 보자고 제안했단다. 원로원이 자기 말을 듣지 않으니, 안토니우스와 레피두스에게 손을 내민 거야.

　안토니우스와 레피두스 입장에서도 나쁘지 않은 제안이었지. 그 둘은 그 자리에서 옥타비아누스의 제안을 받아들였어. 역사학자들은 이를 가리켜 '2차 삼두 정치'라고 부르는데, 이로 인해 원로원 중심의 공화정은 사실상 로마 역사에서 영영 사라져 버리게 된단다.

　갑자기 적에서 동지가 된 옥타비아누스와 안토니우스는 손을

앞면: 안토니우스   뒷면: 옥타비아누스

안토니우스와 옥타비아누스 기념 주화

잡은 기념으로 금화를 발행하고, 앞뒷면에 자신들의 얼굴을 새겨 넣었어. 로마 역사를 보면 이런 경우를 흔하게 볼 수 있어. 원수가 친구로, 친구가 원수로 순식간에 변하곤 하지.

근데 이 금화에 새겨진 안토니우스의 얼굴이 옥타비아누스보다 더 크네요!

그땐 안토니우스의 힘이 더 강했다는 걸 알 수 있지. 역사학자는 이런 사소한 것에서 의미를 찾아내고, 실제 일어난 역사를 재구성한단다.

 삼두 정치를 하기로 약속한 뒤, 옥타비아누스가 제일 먼저 한 일은 아버지 카이사르의 명예를 회복하기 위해 카이사르를 신격화하는 거였어.

 여기서 잠깐 퀴즈! 죽은 카이사르가 신이 되면 누가 가장 덕을 볼까? 죽은 카이사르? 아니지. 바로 옥타비아누스야. 옥타비아누스는 카이사르의 양자잖아. 그러니 아버지가 신이면 자긴 자동으로 신의 아들이 되는 거지. 옥타비아누스는 카이사르를 신으로 모시자고 동네방네 떠들고 다니면서 자연스럽게 자신을 '신의 아들'로 선전한 거야.

신의 아들 프로젝트를 마무리한 기원전 42년 가을, 안토니우스와 옥타비아누스는 카이사르를 죽인 브루투스 일당을 없애 버리기 위해 그리스로 향했어. 전쟁은 매우 치열했지만 결국 옥타비아누스와 안토니우스의 군대가 승리를 거두었고, 브루투스는 그 자리에서 스스로 목숨을 끊었지.

그리고 옥타비아누스, 안토니우스, 레피두스는 로마의 속주를 셋으로 나누어 통치하기로 결정했지. 이때 동방의 그리스와 이집트, 아시아는 안토니우스가 통치하고, 제국의 서쪽인 갈리아, 게르마니아, 히스파니아 등 현재의 유럽 쪽은 옥타비아누스가, 그리고 레피두스는 남쪽인 아프리카를 맡아 통치하기로 했단다.

그 후, 안토니우스는 자신의 구역을 시찰하기 위해 이집트를 돌아보다 클레오파트라를 만났어. 이때 클레오파트라가 이집트를 다시 부흥시키겠다는 야심을 품고 안토니우스를 유혹했다고 해. 로마인들이 쓴 역사책에는 그렇게 기록되어 있는데, 누가 먼저 손을 내밀었는지는 모를 일이지. 어쨌든 안토니우스와 클레오파트라는 여차여차해서 연인 사이가 된단다.

그런데 옥타비아누스와 레피두스 사이에 갈등이 생겨서 둘 사이에 전투가 벌어졌어. 근데 이 전투는 엄청 싱겁게 끝나 버려. 옥타비아누스의 군대가 나타나자 레피두스의 군대가 곧바로 백기를 들었거든. 결국 이렇게 해서 2차 삼두 정치는 막을 내리고 말았단다.

로마의 역사를 바꾼 악티움 해전

한편 안토니우스가 다스리던 제국의 동쪽에서도 반란이 일어났어. 아르메니아 왕국이 로마에 반기를 든 거야. 하지만 안토니우스는 그들을 단숨에 제압했지. 문제는 그 이후에 생겼어.

원래 전쟁에서 승리한 장군들은 모두 로마에서 개선식*을 해. 로마의 전통이자 불문율이었지. 그런데 안토니우스가 개선식을 이집트의 수도 알렉산드리아에서 해 버렸지 뭐야. 게다가 그 개선식에서 로마의 동쪽 땅 일부를 클레오파트라에게 선물로 주겠다고 선언한 거야.

---

* **개선식**: 적과의 싸움에서 이기고 돌아온 군대와 병사를 환영하는 행사.

이 소식을 들은 로마인들이 얼마나 놀랐겠어. 로마 시민들은 배신자 안토니우스를 처단해야 한다며 목소리를 높였어. 이제 로마의 영웅은 옥타비아누스밖에 없다는 목소리가 높아졌지.

옥타비아누스는 이 기회를 놓치지 않고 아주 과감한 결정을 내린단다. 베스타 신전에 보관된 안토니우스의 유언장의 봉인을 뜯고 그 내용을 모든 로마 시민에게 공개한 거야.

이게 무슨 과감한 결정이냐고? 그땐 죽기 전에 유언장을 미리 써서 베스타 신전에 보관했거든. 그 유언장은 당사자가 죽은 다음에 공개해야 해. 그런데 옥타비아누스가 멀쩡히 살아 있는 안토니우스의 유언장을 마음대로 개봉한 거야. 엄연히 불법이지.

그래서 로마 사람들이 옥타비아누스를 비난했나요?

아니, 누구도 문제 삼지 않았어.
유언장 내용이 너무 충격적이었거든.
뒷목을 잡고 쓰러진 로마 시민이 한둘이 아니었어.
유언장에는 뭐라고 쓰여 있었을까?

> 내 재산은 클레오파트라와의 사이에서 태어난 자식들에게 모두 상속한다. 그리고 내가 죽으면 시신은 이집트의 수도인 알렉산드리아에 묻어라.

지금 우리 눈에는 별문제가 아닌 것처럼 보일 수도 있어. 하지만 당시 로마인들이 보기에 이 유언은 너무나 비상식적인 내용이었어. 안토니우스가 이집트에서 개선식을 한 것도 모자라서, 이젠 아예 자신의 재산도 다 이집트에 넘기고, 죽어서도 이집트에 뼈를 묻겠다는 거잖아. 로마 시민들은 이 유언장을 로마에 대한 배신으로 받아들였어.

물론 이 유언장의 내용이 어디까지가 사실인지는 정확히 알 수 없어. 옥타비아누스가 로마 시민들의 판단을 흐리게 하려고 정치 공작을 한 것일 수도 있지. 하지만 이런 건 아무리 역사책을 뒤져 봐도 그 진실을 알 수 없어. 다만 '그러지 않았을까?' 하고 추측할 뿐이지. 아무튼 중요한 건 이 유언장을 공개하는 바람에 안토니우스는 치명타를 입었고, 로마의 여론은 완전히 옥타비아누스 쪽으로 돌아섰다는 거야.

그제야 옥타비아누스는 때가 왔다고 생각하고 칼을 들었어. 물론 이때도 원로원의 입을 빌렸어. 로마 시민들의 대표들이 모인 원로원이 나서서 전쟁을 승인해야 안토니우스를 확실하게 반란군으로 만들 수 있었거든. 옥타비아누스는 항상 이런 식으로 자신이 전면에 나서지 않고 뒤에서 조용하고 확실하게 일을 처리하는 스타일이었단다.

마침내 누가 로마의 진짜 지도자가 될지를 두고 대결을 펼치게 된 거지. 옥타비아누스는 자신보다 전쟁 경험이 많은 아그리파에게 사령관직을 맡기고 전쟁을 지휘하게 했어.

기원전 31년 9월 2일, 그리스 서쪽 바다에서 안토니우스와 클레오파트라가 이끄는 이집트 함대와 아그리파가 이끄는 로마군 함대가 맞붙었어. 이 전투를 '악티움 해전'이라고 해.

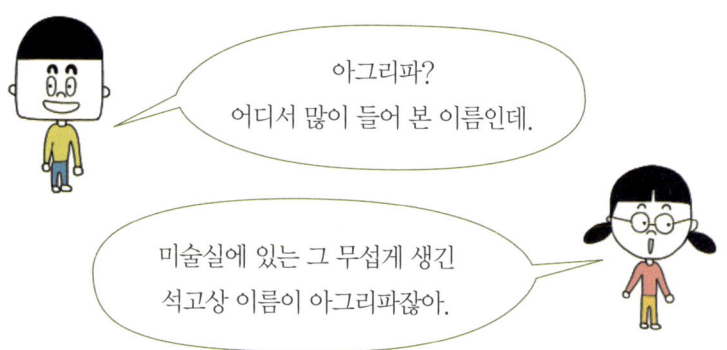

아그리파?
어디서 많이 들어 본 이름인데.

미술실에 있는 그 무섭게 생긴 석고상 이름이 아그리파잖아.

　결국 아그리파가 이끄는 로마군이 악티움 해전에서 승리를 거두었고, 안토니우스와 클레오파트라는 이집트로 달아났지. 이 악티움 해전은 로마 공화정이 무너지고 옥타비아누스가 최후의 승자가 되는, 로마 역사에 있어서 매우 중요한 전쟁이야.

　그다음 해인 기원전 30년, 옥타비아누스는 오랜 악연의 싹을 잘라 내기로 마음먹고, 안토니우스가 숨어 있는 이집트의 수도 알렉산드리아로 쳐들어갔어. 그러자 안토니우스는 자신의 패배를 인정하고 스스로 목숨을 끊었어. 로마의 영웅 카이사르와 안토니우스를 사랑의 노예로 만들었던 천하의 클레오파트라도 이때 함께 생을 마감했다고 해.

  이렇게 해서 100년 이상 계속되어 온 로마의 내전이 마침내 끝이 났지. 그리고 이제 옥타비아누스의 새로운 시대가 시작된 거야.

지상 최대의 정치쇼

　로마의 시민들은 옥타비아누스를 위해 화려한 개선식을 열었어. 지금 당장 옥타비아누스가 로마의 황제가 되겠다고 해도 누구 하나 반대하지 않을 분위기였지.

　하지만 옥타비아누스는 로마 역사 최고의 정치 천재거든. 그는 이전보다 더 절제하는 태도를 보였단다. 이 점이 바로 카이사르하고 다른 점이었지. 카이사르는 늘 자신이 원하는 걸 빠르게 추진하려고 했지만, 옥타비아누스는 항상 돌다리도 두드려 보고 건너는 성격이었단다. 로마 역사를 연구하는 역사학자로서 이렇게 고대 로마를 이끈 지도자들의 성격을 분석하고 비교하는 것도 재미있는 일 중 하나야.

옥타비아누스는 수백 년 동안 이어 온 공화정에 대한 로마 시민들의 애착을 잘 알고 있었어. 그래서 그는 일부러 이전보다 더 원로원을 존중하는 태도를 보였어. 무슨 일이 생기면 반드시 원로원과 의논해 결정하곤 했지. 비록 속마음은 다를 수도 있었겠지만, 겉으로는 최대한 원로원을 존중하는 모습을 보인 거지. 그러자 원로원의 의원들도 옥타비아누스에 대한 경계를 풀고 그를 지지해 줬지.

옥타비아누스가 가장 먼저 한 일은 시민들이 국가에 지고 있던 빚을 줄여 주고 대규모 공공사업을 진행한 거야. 낡은 건물을 다시 세우고 도로를 새로 깔았어. 그런 다음 군대를 개혁했지. 무려 30만 명의 병사를 제대시키고 제대 후에도 먹고살 수 있도록 토지를 나눠 주고 농사를 짓게 했단다. 옥타비아누스는 병사들에게 줄 돈을 마련하기 위해 자신의 재산을 기꺼이 내놓았어.

기원전 28년에는 카이사르에 의해 시행되었던 정보 공개법을 개정했어. 이 법은 원로원의 회의록을 시민들이 모두 볼 수 있도록 공개하는 것이었어. 카이사르가 원로원의 힘을 약화시키기 위해 만든 법이었지. 옥타비아누스는 이 법을 원하는 사람만 볼 수 있도록 고쳐 원로원의 지지를 얻었어.

그렇게 당근을 준 뒤에, 원로원 의원의 수를 약 40% 정도 줄여서 600명으로 만들었어. 물론 이때 옷을 벗은 원로원 의원은 옥타비아누스를 반대하는 의원들이었지. 이렇게 자신을 반대하는 의원들의 수를 줄임으로써 옥타비아누스는 원로원을 더욱 자신의 편으로 만들 수 있었단다. 당연히 로마 시민들은 열광적으로 지지했지.

그런데 옥타비아누스는 여기서 만족하지 않고 마지막 승부수를 던진단다. 한마디로 '지상 최대의 정치쇼'라고 할 수 있지. 뭐냐고? 이미 황제나 다름없었던 옥타비아누스가 느닷없이 '공화정 회복'을 선언한 거야.

"나에게 주어졌던 권력을 원로원과 시민들에게 다 되돌려주고 평범한 시민으로 돌아가려고 합니다."

원로원 의원들은 귀를 의심했어. 그동안 모든 권력자는 원로원을 무시하고 견제했잖아.

과연 진심이었을까? 역사책에는 어떤 사건이 있었다는 기록만 있지 그 일을 한 사람의 속마음까지 나와 있지는 않으니 우리는 진실을 알 수 없지. 내 생각에 이건 옥타비아누스가 공식적으로 황제의 권력을 승인받으려고 한 승부수였던 거 같아. 상대가 스스로 권력을 자신에게 바치게 만들려는 고도의 심리전. 물론 이건 내 생각이고, 다른 역사학자들의 생각은 다를 수 있지.

옥타비아누스가 로마 공화정을 회복시키겠다고 선언했지만, 원로원 의원들의 마음은 영 편치 않았어. 옥타비아누스가 아니어도 정치적 야망에 불타는 다른 자가 또 등장할지도 모르니까 말이야.

그래서 원로원은 두 가지 제안을 했어. 첫 번째, 제국의 반은 옥타비아누스가 맡고 반은 원로원이 다스리자. 두 번째, 옥타비아누스의 칭호를 다시 정하자. 절대 권력자에게 어울리는 칭호가 필요하다는 거지. 이때 한 귀족이 '아우구스투스'가 어떻겠느냐고 말을 꺼냈어. 아우구스투스는 '존엄한 자'라는 뜻이야. 이때부터 옥타비아누스는 '아우구스투스(Augustus)'라는 새로운 칭호로 불리게 된단다.

**이후 '아우구스투스'는
로마 황제를 지칭하는 말로 굳어져.**

이때부터 로마는 사실상 공화정에서 황제가 다스리는 제정 로마로 넘어갔다고 볼 수 있어. 물론 겉 포장에는 아직 '공화정'이라는 딱지가 붙어 있었지만, 속을 들여다보면 황제가 다스리는 제정 국가로 정치 제도가 바뀌어 있다는 걸 알 수 있어. 그래서 대부분의 역사학자는 옥타비아누스가 '로마 공화정 회복 정치쇼'를 펼친 기원전 27년을 로마 제정 시대가 시작된 해로 보고 있단다.

로마 최초의 황제
아우구스투스

황제가 된 아우구스투스는 원로원을 살살 구슬리며 정치를 해 나갔어. 기원전 22년에 큰 홍수가 나서 사람들이 굶어 죽을 위기에 처하자 아우구스투스는 개인 재산을 털어 식량을 사서 가난한 평민들에게 나눠 줬단다. 그 식량을 받은 평민들이 아우구스투스를 어떻게 생각했을지는 두말할 필요가 없겠지?

아우구스투스에 대한 로마 시민들의 지지는 점점 더 높아졌어. 시간이 흐를수록 아우구스투스의 권위는 커졌고 원로원은 점점 그의 결정을 그대로 따르는 기관이 되어 버렸지.

로마 시민들은 아우구스투스의 막강한 권력을 못 본 척했어. 아우구스투스 덕분에 로마에 평화가 찾아왔으니까 그가 그런 권력을 행사하는 건 당연하다고 생각했던 거지.

어떤 학자들은 이런 아우구스투스를 비판하기도 해. 당시 로마인들은 황제를 바라지 않았는데, 아우구스투스가 교묘하게 '로마 황제'가 되었기 때문이지.

하지만 난 로마의 공화정이 한계에 부딪혀서 제정 시대가 열렸다고 생각해. 당시 로마는 거대한 지중해 세계를 통치하고 있었어. 공화정으로는 그 큰 영토를 효율적으로 통치하기가 점점 힘들어졌어.

**로마는 새로운 변화가 필요한 시기였고
그 변화를 아우구스투스가 만들었다고 할 수 있어.**

그동안 어느 누구도 가지지 못한 강력한 힘과 엄청난 돈을 유산으로 남기고 눈을 감으면서 그는 이렇게 말했다고 해.

"이보게, 인생이라는 이 연극에서 내 연기가 어땠나? 잘했다고 생각하면 박수를 쳐 주게나."

아우구스투스가 권력의 중심에 있던 이 41년은 로마 제국의 역사상 가장 중요한 시기였어. 그는 악티움 해전에서 승리한 후, 로마의 일인자가 되어 새로운 로마를 건설하기 위해 끝없이 노력했어. 그 덕분에 이후 로마 제국은 로마 역사상 최대 영토를 유지하면서 200여 년 동안 평화롭게 지낼 수 있었단다.

클레오파트라 여왕에 대해 좀 더 들려주세요.

클레오파트라는 이집트를 다스렸던 프톨레마이오스 왕조의 마지막 왕이었고, 로마의 절대 권력자 카이사르와 로마의 2차 삼두 정치에서 가장 큰 권력을 가졌던 안토니우스 장군까지 자기 연인으로 만들었던 대단한 여인이야. 클레오파트라는 로마 최고 권력자들의 힘을 이용해 동생에게 빼앗겼던 자신의 왕위를 되찾았고, 심지어 로마의 속주였던 곳을 이집트 영토로 만들기까지 했어. 그래서인지 로마의 역사학자들은 클레오파트라를 아주 부정적으로 평가하는 편이야. 미모를 이용해 로마의 지도자들을 유혹해서 로마를 혼란에 빠뜨렸다는 이유지.

정말 그랬을까? 사실 클레오파트라는 당시 이집트의 공용어인 그리스어뿐만 아니라 라틴어, 히브리어, 아랍어까지 능숙하게 구사하는 아주 명석한 두뇌의 소유자였다고 해. 클레오파트라가 로마의 실력자인 카이사르, 안토니우스와 관계를 맺고, 정치적 연대까지 할 수 있었던 것은 미모 때문이 아니라, 지성과 정치적 수완이 뛰어났기 때

문인지도 몰라.

부정적인 의견이 대부분이었던 로마 시대와 달리 르네상스 시대가 되자 클레오파트라는 대중문화의 아이콘으로 떠올라. 셰익스피어, 초서, 파스칼 같은 당대의 뛰어난 작가들이 너도나도 클레오파트라와 카이사르, 안토니우스의 사랑을 주제로 한 작품을 발표하고 사람들은 그 이야기에 열광했지. 클레오파트라를 모델로 한 그림이나 조각 작품들이 지중해 세계 전체에서 만들어졌어. 지금까지 남아 있는 작품들도 꽤 많아.

클레오파트라를 그저 아름다운 여인으로만 기억한다면 그건 클레오파트라를 절반만 알고 넘어가는 거야. 뛰어난 머리와 재능으로 한 시대의 영웅들을 휘어잡았던 이집트의 왕 클레오파트라를 기억하자.

5장 디오클레티아누스, 로마 제국을 구하라

- 로마는 왜 다시 위기에 빠졌을까?
- 해방 노예의 자식으로 태어나 황제가 되다
- 로마를 네 개로 나누겠다고?
- 디오클레티아누스의 두 얼굴

로마는 왜 다시 위기에 빠졌을까?

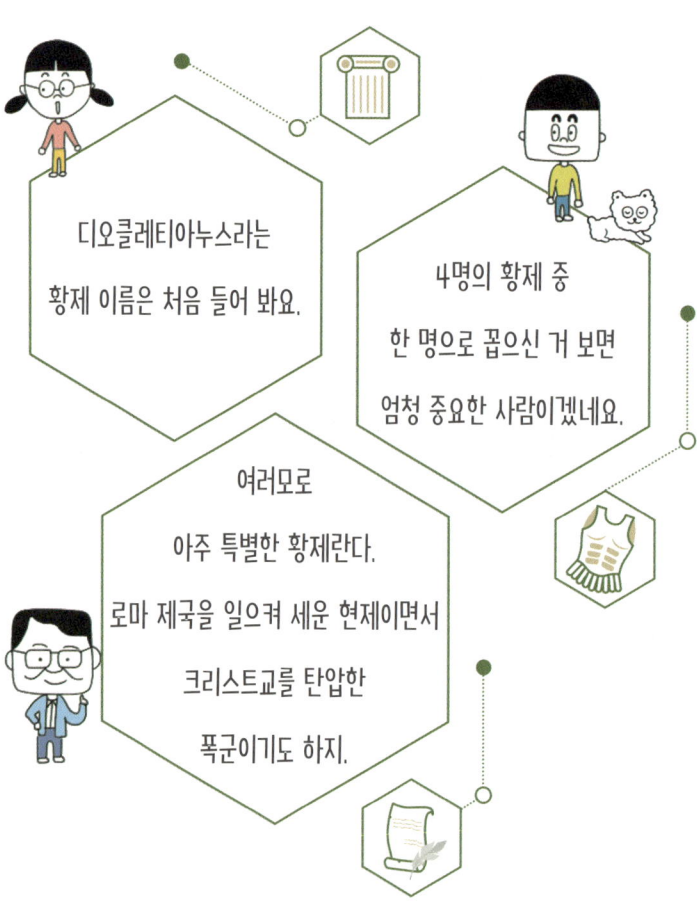

디오클레티아누스라는 황제 이름은 처음 들어 봐요.

4명의 황제 중 한 명으로 꼽으신 거 보면 엄청 중요한 사람이겠네요.

여러모로 아주 특별한 황제란다. 로마 제국을 일으켜 세운 현제이면서 크리스트교를 탄압한 폭군이기도 하지.

아우구스투스 때부터 시작된 로마의 평화 시대는 약 200년 정도 지속됐어. 이렇게 평화가 오래 지속되다 보니까 로마인들은 평화를 당연하게 여겼어. 로마의 정치인들도 나랏일에는 별 관심이 없었고, 매일 신나게 놀면서 시간을 보냈지. 그러다 보니 군대를 지휘하는 장군들의 힘은 점점 더 커졌고, 노골적으로 정치에 간섭하기 시작했어.

로마의 군인들이 본격적으로 정치에 관심을 가지기 시작한 건 오현제* 중 마지막 황제 마르쿠스 아우렐리우스가 죽은 뒤부터였어. 제위를 물려받은 코모두스는 정치보다는 사치와 방랑에 소질이 있었어. 그는 12년 동안 엉터리 황제 노릇을 하다가 결국 암살을 당했는데, 이때부터 로마 황실에서는 암살이 대유행했어.

26명의 황제 중 딱 두 명을 제외하고 나머지 황제는 암살, 독살, 전사 등으로 목숨을 잃었어. 심지어 고르디아누스 2세는 통치 기간이 겨우 20여 일에 불과했단다.

---

*오현제: 로마 제정 시대 가장 뛰어났던 다섯 명의 황제. 네르바, 트라야누스, 하드리아누스, 안토니누스 피우스, 마르쿠스 아우렐리우스를 이르는 말.

235년부터 284년까지 황제가 26명이었단다.

자, 잠깐만요! 50년 동안 황제가 26번 바뀌었다면, 1명이 2년도 통치를 못 했다는 거네요?

이렇게 암살범들이 버젓이 황제의 자리에 올랐으니 '암살범들의 시대'라고 해도 되겠지만, 역사학자는 되도록 점잖게 표현해야 하니까 이 시기를 '군인 황제 시대'라고 부르기로 하자. 아무튼 이 군인 황제 시대에는 힘이 있는 군인들이 무력을 앞세워 황제의 자리에 올랐어.

'윗물이 깨끗해야 아랫물이 맑다.'는 속담 들어 본 적이 있지? 윗물이 이렇게 혼탁하니 아랫물은 어땠을까? 관리들은 부패를 저지르고 경제는 갈수록 나빠졌고, 툭하면 전염병이 돌아 수많은 사람들이 죽었단다.

로마가 이렇게 병들어 가자 속주들이 대항하기 시작했어. 엎친 데 덮친 격이라고 이곳저곳에서 이민족들도 침략해 왔어. 북쪽에서는 게르만족이 압박해 왔고, 동쪽에서는 세력을 키운 페르시아인들이 침입했단다. 한마디로 로마는 바람 앞의 촛불 신세였어. 나라가 곧 망해도 이상할 것이 없는 그런 상황이었지.

이때 나타나 로마를 다시 일으켜 세운 황제가 바로 디오클레티아누스야. 그래서 나는 디오클레티아누스를 로마의 구원 투수라고 평가하고 싶어.

해방 노예의 자식으로 태어나 황제가 되다

　디오클레티아누스는 244년, 지금의 크로아티아 솔린 지역에서 해방 노예의 자식으로 태어났는데, 그의 조상은 원로원 의원 아눌리누스 집안의 노예였다고 해. 해방 노예란 주인이 해방시켜 준 노예를 지칭하는 말이야. 디오클레티아누스의 어린 시절에 대해 알려진 정보는 이게 다야. 만약 그가 귀족이나 왕족의 자손이었다면 어린 시절에 대한 기록이 많이 남아 있었겠지. 하지만 해방 노예의 자식이었기 때문에 기록이 거의 없단다.

　그런데 도대체 해방 노예의 자식이 어떻게 황제가 되었을까? 그건 당시 로마의 개방적인 제도 덕분이야. 당시 로마는 해방 노예의 자식이라 할지라도 능력이 뛰어나면 신분을 뛰어넘을 수 있었단다.

 디오클레티아누스가 성장하던 시기는 군인 황제 시기였어. 군인들이 강력한 힘을 가지고 로마를 좌지우지했지. 그래서 야망을 가진 젊은이들은 너도나도 군인이 되었단다. 그렇게 로마군의 말단 병사였던 디오클레티아누스도 많은 공을 세워 불과 30대에 장군의 지위까지 올랐고 더 많은 공을 세워 결국에는 로마의 집정관 자리까지 올랐단다.

해방 노예의 자식이 집정관이 되다니! 이것만 해도 놀라 까무러칠 정도로 대단한 성공이야. 그런데 성공 신화는 여기가 끝이 아니었어. 그가 집정관이 됐을 때 카루스 황제가 갑자기 전사한 거야. 그러자 그의 아들들이 로마를 동쪽, 서쪽 둘로 나눠 다스리기로 했어. 그런데 얼마 안 가서 또 암살 사건이 벌어져서 로마 동쪽을 다스리던 황제가 죽고 말았단다. 빨리 새로운 황제를 임명하지 않으면 또 군인들이 들고일어나 서로 죽고 죽이는 혼란이 벌어질 것 같은 분위기가 됐지. 이때 로마 병사들에게 가장 인기 있던 정치인이 바로 디오클레티아누스였어.

284년, 디오클레티아누스는 병사들의 전폭적인 지지로 황제 자리에 올랐어. 군인 황제 시대에는 이렇게 군인들의 지지를 가장 많이 받은 사람이 황제가 되곤 했단다.

그런데 로마의 서쪽을 다스리던 황제는 디오클레티아누스를 황제로 인정하지 않았어. 노예 집안 출신 집정관이 황제가 되는 걸 받아들이기 싫었던 걸까? 결국 둘 사이에 전쟁이 일어났고, 결과는 디오클레티아누스의 승리로 끝이 났지.

이로써 마침내 디오클레티아누스가 로마 제국 전체를 다스리는 황제로 등극하게 된 거란다. 디오클레티아누스가 황제가 되는 과정은 아무리 생각해도 영화보다 더 영화 같아.

284년, 황제가 된 디오클레티아누스는 무엇보다 강력한 힘을 갖는 게 중요하다고 판단했어. 황제가 막강한 힘을 갖고 있지 않으면 암살, 독살, 의문의 죽음이 무한 반복될 거라고 생각한 거야. 그래서 그는 자신을 신격화하기로 했어. 신보다 더 강력한 힘을 가진 존재는 없으니까 말이지.

디오클레티아누스는 가장 먼저 자신을 부르는 호칭을 '도미누스'로 바꿨어. 도미누스는 원래 노예가 주인을 부르는 칭호로 '주인님'이라는 뜻이야. 그리고 앞으로 자신을 만나면 누구나 엎드려 절을 해야 한다고 명령했단다.

그리고 무너진 황제의 권위를 세우기 위해 원로원을 견제했어. 원래는 원로원이 일부 속주를 직접 통치하고 있었는데, 디오클레티아누스는 원로원의 속주 통치권을 아예 빼앗아 버렸단다. 심지어 그는 원로원의 의원들이 모여 있는 로마에 발길조차 하지 않았어. 그럼 어디에서 로마 제국을 다스렸을까? 오늘날 튀르키예의 이즈미트인 니코메디아라는 도시에 궁전을 짓고 그곳에서 로마 제국을 통치했단다.

또한 원로원과 단 한마디 상의도 하지 않고 속주를 재정비했어. 원래 로마 제국의 속주는 50개였는데, 그걸 반으로 쪼개서 수를 100개로 늘린 거야.

 그의 황권 강화 프로젝트는 꽤 성과를 거두었어. 일단 황제가 된 지 2년이 넘었지만 암살을 당하지 않고 멀쩡히 살아서 나랏일을 하고 있었으니까 이것만 해도 엄청난 성과였지. 황제의 권력이 강해지자 군인들의 반란도 크게 줄어들었고, 감히 황제 자리를 차지해 보겠다고 기웃거리는 자들도 사라졌단다.

 물론 이것만으로 로마 제국의 문제가 다 해결된 건 아냐. 여전히 매일 아침 국경 지대에서 반란이 일어났고, 국경 지대 속주들이 독립을 선언했다는 보고가 끝없이 이어졌거든.

골머리를 앓던 디오클레티아누스는 군대를 더 강화하기로 결정했어. 군대 병력을 늘리고 군사 시설과 궁정, 공공건물을 새로 만들어 국가의 위상을 높였어. 또 이를 관리 감독하기 위해 많은 관료들을 채용했지. 디오클레티아누스는 군대와 정부 행정 기구를 강화해 로마를 안정시키려고 노력했어. 이런 노력 덕분에 다 죽어 가던 로마는 기적처럼 다시 살아날 수 있었단다.

하지만 이것만으로는 로마 제국의 혼란을 완전히 잠재울 수 없었어. 가장 큰 이유는 바로 큰 땅덩어리 때문이야. 땅이 얼마나 넓었냐고? 지금의 영국, 스페인, 포르투갈, 프랑스, 그리스, 이탈리아, 벨기에, 독일, 아프리카 북부, 튀르키예, 동유럽, 중동 일부가 모두 로마 제국의 땅이었어. 그런데 그땐 요즘처럼 인터넷이나 텔레비전도 없었고, 교통도 발달하지 않았어. 그래서 황제의 지시 사항을 각 속주에 전달하는 데 길게는 몇 달이 걸리기도 했단다.

디오클레티아누스는 이 광활한 제국을 혼자서 효율적으로 통치하는 건 사실상 불가능하다고 생각했어. 그래서 285년 11월, 디오클레티아누스는 세상을 깜짝 놀라게 한 담화문을 발표했단다.

> 이제부터 로마 제국을 공동으로 다스리겠다.

 사람들은 자신의 귀를 의심했어. 그동안 어떤 일이 일어났었지? 서로 황제가 되겠다고 죽고 죽이는 일이 무한 반복됐잖아. 그런데 황제가 스스로 권력을 나누겠다고? 도저히 믿기 힘들었지.

하지만 디오클레티아누스는 보란 듯이 로마를 반으로 뚝 자르더니, 자신이 신임하는 인물이었던 막시미아누스에게 '카이사르(부제)'라는 칭호도 주고, 서부 속주의 지배권을 아낌없이 넘겨 버렸단다. 정말 깜짝 놀랄 일이었지.

로마 시대 정치의 중심지는 이탈리아인데, 왜 이탈리아가 있는 서쪽의 지배권을 넘겨주었을까? 그건 바로 당시 경제의 중심지가 지중해 동부 지역이었기 때문이야. 제국을 둘로 나눠서 다스리자고 제안을 하긴 했지만, 경제적으로 더 실속 있는 지역은 자신이 챙긴 거지. 그러고 보면 디오클레티아누스 황제는 정말 두뇌 회전이 빠른 사람이었던 것 같아.

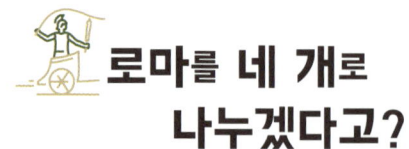# 로마를 네 개로 나누겠다고?

두 명의 황제가 로마 제국을 반으로 나눠서 통치하는 시스템은 약 8년 동안 잘 굴러갔어. 하지만 여전히 해결되지 않는 문제들이 많았어.

그래서 디오클레티아누스는 이번엔 로마 제국을 아예 네 개로 나누기로 했어. 동로마는 황제 디오클레티아누스와 부제 갈레리우스가, 그리고 서로마는 황제 막시미아누스와 부제 콘스탄티우스가 통치하게 되었단다. 그리고 부제들에게도 통치할 지역을 정해 주었지. 이렇게 해서 로마 제국은 네 개로 나눠지게 되었는데, 이를 '4제 통치'라고 해.

땅은 4등분 했지만 권력도 똑같이 4등분 한 건 아니야. 가장 힘이 센 사람은 당연히 이 모든 걸 설계한 황제 디오클레티아누스였어. 그는 자신의 권력을 쪼개고, 비효율적인 행정 조직을 바꾸는 등 수많은 개혁을 했지.

디오클레티아누스 황제는 뛰어난 행정가였어.

지금도 이탈리아 베네치아에 있는 성 마르코 성당에 가면 처음으로 4제 통치를 시작했던 황제들을 기념하는 조각상을 볼 수 있어. 성 마르코 성당의 한 귀퉁이에 있는 이 조각상은 당시 로마를 다스렸던 황제 4명이 서로 포옹하며 각자 다른 곳을 바라보고 있는 동상이야.

나도 이 조각상을 본 적이 있는데, 그 조각상을 보니까 디오클레티아누스가 나름 현명하게 로마의 혼란을 잠재웠다는 생각이 들더라. 권력을 혼자 차지하려고 하는 사람은 진정한 리더라고 할 수 없어. 때로는 디오클레티아누스처럼 대의를 위해 자신의 권력을 내려놓을 줄 알아야 하지. 그런데 그게 말처럼 쉽지 않거

4황제상

든. 많은 지도자들이 권력을 조금이라도 더 차지하기 위해 발버둥치다 나라를 망가뜨린 예는 수도 없이 많단다.

　한동안 로마의 4분할 통치는 아주 잘 돌아갔어. 이민족의 침입으로 어려움을 겪던 국경 지역도 점차 안정세로 접어들었지. 땅을 4개로 나누어 통치하자 반란도 차츰 수그러들었고. 한마디로 4제 통치라는 기상천외한 통치 제도 덕분에 로마는 서서히 과거의 영광을 되찾아 가고 있었다고 평가할 수 있을 거 같아.

하지만 문제는 경제였어. 당시 로마 경제는 최악이었어. 3세기의 로마 경제는 왜 최악이었을까? 바로 화폐 때문이야.

군인 황제 시대에 화폐의 유통 체계가 급격하게 무너졌거든. 군인 황제들은 화폐를 만드는 금의 양을 자기 마음대로 줄였어. 이렇게 화폐의 순도가 떨어지자 돈의 가치도 함께 떨어졌고 사람들은 당연히 로마 화폐 사용을 꺼렸지. 그러자 로마 제국을 중심으로 돌아가던 지중해 세계의 무역도 점차 흔들렸어. 당장 해결하지 않으면 안 되는 굉장히 심각한 문제였단다.

디오클레티아누스는 이 문제를 해결하려면 무엇보다 화폐의 신뢰도부터 회복해야 한다고 생각했어. 그래서 금광을 개발해 금을 생산해서 정상적인 금화를 만들었지. 그리고 전 제국에 화폐를 만드는 주조소를 설치해서 단일 화폐가 안정적으로 유통되도록 했어. 이렇게 함으로써 로마 제국의 경제도 차츰 안정되어 갔단다.

디오클레티아누스의 두 얼굴

 역사학자는 역사를 기록할 때 좋은 점만 부각해서는 안 돼. 늘 균형을 잃지 않아야 하지. 그런 점에서 역사학은 무척 어려운 학문이란다. 한쪽으로 치우치지 않고 균형 잡힌 시각으로 역사를 보려면 이것저것 공부를 많이 해야 하거든.

 내가 볼 때 디오클레티아누스는 긍정적인 측면과 부정적인 측면을 동시에 가지고 있는 통치자야. 그런데 서양 역사학자들 중에는 디오클레티아누스를 폭군으로 보는 사람이 많아. 로마를 살리기 위해 수많은 개혁을 했는데, 왜일까? 그건 디오클레티아누스가 크리스트교를 가혹하게 탄압했기 때문이야.

 디오클레티아누스는 땅에 떨어진 황제의 권위를 강화하기 위해 신과 자신이 동격이라고 주장했어. 그런데 그 무렵 크리스트교가 지중해 전역으로 퍼지고 있었고, 크리스트교 신도들은 로마 신들을 숭배하지 않았어. 물론 황제도 숭배하지 않았지.

그러니 로마 전통 신들과 동격으로 황제의 권위를 높이려 했던 디오클레티아누스에게 크리스트교는 눈엣가시였지.

디오클레티아누스는 무려 네 번이나 크리스트교를 박해※하는 칙령※을 내렸단다. 1차는 크리스트교 교회 파괴, 신앙 서적 압수, 예배 금지, 그리고 신도들의 법적 권리 박탈. 2차는 성직자들을 체포하고 크리스트교를 버리겠다고 하지 않으면 사형에 처했지. 3차는 로마 신들에 대한 제사를 거부하는 자는 사형에 처한다는 내용이었어. 그리고 마지막 4차, 모든 크리스트교 신도에게 로마 전통 종교 제사를 요구했어. 만약 거부하면 사형이나 중노동형에 처했단다.

디오클레티아누스가 로마를 되살리기 위해 황권을 강화하고자 애쓴 것은 맞지만 자기 생각대로 정치를 하기 위해 사람들을 괴롭히고 죽인 건 분명 잘못이야.

※ **박해**: 못살게 굴고 해롭게 하는 일.
※ **칙령**: 왕의 명령.

어떤 관점으로 바라보느냐에 따라 인물에 대한 평가는 달라져. 종교의 자유를 중요하게 생각하는 역사학자들은 디오클레티아누스를 폭군으로 평가하고, 역사적 업적을 중요하게 생각하는 역사학자들은 위기에서 로마를 구한 구원 투수로 평가하지. 이처럼 역사는 바라보는 관점에 따라 달라지기 때문에 여러 의견이 존재할 수밖에 없단다.

자, 이렇게 곧 숨이 넘어갈 것 같던 로마 제국을 되살려 놓은 디오클레티아누스 황제는 305년에 또 한 번 사람들을 깜짝 놀라게 한 발표를 해.

디오클레티아누스가 스스로 황제 자리를 내놓고 물러나겠다고 한 거야. 하지만 사람들은 정말 말도 안 되는 가짜 뉴스라고 생각했지. 누가 협박한 것도 아닌데, 황제를 그만두겠다니! 한 번 황제가 되면 죽을 때까지 그 자리를 차지하는 게 보통이야. 황제는 평생 할 수 있는 종신제였으니까 말이지.

로마의 황제 중에서 디오클레티아누스만큼 별난 사람도 없는 거 같아. 재위 기간에는 황제의 권력을 강화하기 위해 별짓을 다 하더니 이제 와서 스스로 그 자리에서 물러나겠다니.

아, 황제가 혼자가 아니었잖아요.

디오클레티아누스는 혼자 황제의 자리에서 물러난 게 아니야. 당시 서로마를 통치하고 있던 황제 막시미아누스도 함께 물러나게 했어.

역사학자로서 최대한 상상력을 발휘해 봐도 그가 왜 그런 결정을 내렸는지 아직 잘 모르겠어. 정말 그의 말대로 평화로운 은퇴 생활을 즐기기 위해서였을까? 진실은 디오클레티아누스만 알고 있겠지. 이런 게 바로 역사 연구의 한계라고 할 수 있단다.

스스로 황제 자리에서 물러난 디오클레티아누스는 고향인 크로아티아의 스플리트에 세운 궁전에서 채소를 가꾸며 노후 생활을 보냈다고 해. 어느 날 함께 은퇴한 막시미아누스가 디오클레티아누스를 찾아와서 다시 황제가 되는 게 어떻겠냐고 제안했대. 그러자 디오클레티아누스는 이렇게 말했다는 거야.

"이보게, 채소를 키우며 살아 보게. 얼마나 좋은지 아는가?"

모든 권력을 내려놓고 자연인으로 돌아간 디오클레티아누스 황제, 정말 특별한 황제 맞지?

로마의 전통 종교와 크리스트교는 어떤 점이 다른가요?

로마의 전통 종교는 많은 신들을 믿는 다신교이지만 크리스트교는 하나의 신만 믿는 유일신교라는 점에서 가장 큰 차이가 있어.

로마인들은 유피테르(제우스), 넵투누스(포세이돈), 아폴로(아폴론) 등 여러 신들을 섬기는 다신주의자들이었어. 〈그리스 로마 신화〉를 읽어 봤다면 잘 알 거야. 정말 많은 신들이 나오지? 그 신들은 각각 성격도 능력도 다르고 인간들처럼 분노, 기쁨, 슬픔을 느끼는 존재들이야. 로마인들은 이 많은 신들이 인간사에 깊이 관여하기 때문에 신들에게 잘 보여야 인간의 삶이 평안하고, 신들의 뜻을 어기면 신들이 인간에게 해코지한다고 믿었어. 그래서 신들을 위해 거대한 신전을 짓고, 해마다 절기를 정하여 제사를 드렸지.

그런데 아우구스투스가 통치하던 시기에 예수가 태어나 메시아(그리스도)로 활동하면서 예수를 구원자로 믿는 크리스트교가 등장한 거야.

크리스트교는 오직 하나의 신을 경배해야 한다고 믿었어. 인간은

유일신인 하나님의 피조물이지만 최초의 인간인 아담이 죄를 지었기 때문에 그의 후손인 모든 인간은 하나님 앞에 죄인이라고 생각했지.

처음에는 크리스트교를 믿는 신자들이 박해를 받았지만 4세기 말에는 크리스트교가 로마의 국교가 되어 이후 서양 전체로 퍼져 나가 가장 신도가 많은 종교로 발전하게 돼.

예수와 크리스트교의 등장은 인류 역사를 B.C.(Before Christ, 기원 원년 이전. 예수가 태어난 해를 원년으로 한다.)와 A.D.(Anno Domini, 기원 원년 이후)로 나누는 획기적인 사건이었고, 오늘날에도 크리스트교는 세계 종교로서 많은 인류의 삶에 큰 영향을 끼치고 있지.

6장 크리스트교 시대를 연 콘스탄티누스

- 서로마 황제가 된 콘스탄티누스
- 세상을 바꾼 칙령과 회의
- 새로운 로마의 시작

 서로마 황제가 된 콘스탄티누스

디오클레티아누스의 박해를 받던 크리스트교는 그 뒤로 어떻게 되었나요?

계속 박해를 받았나요?

콘스탄티누스 황제가 등장하면서 완전히 달라졌단다.

콘스탄티누스는 서로마의 부제였던 콘스탄티우스의 아들이야. 아버지랑 이름이 똑같다고? 자세히 봐. 조금 다르지? 그는 어린 시절에 자기 집이 아니라 동로마의 황제였던 디오클레티아누스의 궁전에서 살았어. 왜 서로마 부제의 아들이 동로마 황제의 궁전에서 지냈을까? 그건 디오클레티아누스가 서로마의 황제나 부제를 완전히 믿지 않았기 때문이야. 그래서 서로마의 부제였던 콘스탄티우스의 아들을 인질로 데리고 있었던 거지. 만약 엉뚱한 짓을 하면 너의 아들을 가만두지 않겠다는 협박이라고 생각하면 돼.

그런데 305년에 갑자기 두 황제가 은퇴하자, 자동으로 동로마의 부제였던 갈레리우스가 동로마 황제, 서로마의 부제였던 콘스탄티우스가 서로마 황제가 되었어.

하지만 얼마 지나지 않아 갑자기 콘스탄티우스가 병에 걸리고 말아. 사람들은 병에 걸린 콘스탄티우스 대신 새로운 황제를 세워야 한다며 숙덕대기 시작했어. 마음이 급해진 콘스탄티우스는 동로마 황제에게 아들 콘스탄티누스를 보내 달라고 부탁했어. 당연히 동로마 황제는 콘스탄티우스가 아들에게 황제 자리를 물려주려고 하는 걸 눈치챘지. 그래서 콘스탄티누스를 독살하려고 했단다.

하지만 콘스탄티누스는 눈치가 빨랐고 목숨을 건 대탈출을 감행해서 아버지 곁으로 돌아왔지. 콘스탄티누스는 1년 동안 아버지 곁에서 자신의 능력을 증명했고, 그 덕분에 서로마 황제의 자리에 오를 수 있었단다.

하지만 콘스탄티누스가 서로마의 황제가 되자 흥분하는 사람들이 있었어. 바로 또 다른 황제였던 막시미아누스와 그의 아들 막센티우스였지. 누구 마음대로 황제 자리를 이어받느냐고 난리가 났지. 그래서 콘스탄티누스가 "어이쿠, 죄송합니다." 하고 황제 자리를 다시 내놓았을까? 당연히 아니지. 결국 전쟁을 피할 수 없게 된 거야.

312년, 콘스탄티누스는 로마를 장악하고 있던 막센티우스를 치기 위해 로마 근교로 쳐들어왔어. 막센티우스도 군대를 이끌고 테베레강에 있는 밀비우스 다리 앞 초원에 진을 쳤지. 두 부대는 테베레강을 사이에 놓고 결전을 준비하고 있었어.

기록에 따르면 콘스탄티누스는 이 전투 직전에 하늘의 신비로운 계시를 받고 승리했다고 해. 물론 진짜로 그런 계시를 받았는지는 아무도 몰라. 역사책에 기록되어 있다고 해서 다 실제 있

었던 일이 아니거든. 기록하는 사람이 꾸며서 적은 것도 있고, 사람들의 입에서 입으로 전해 내려오는 이야기를 그대로 옮겨 적은 것도 있지. 그런 기록 중 어느 것이 진짜 역사적인 사실인지를 판별하는 일은 정말 어려워.

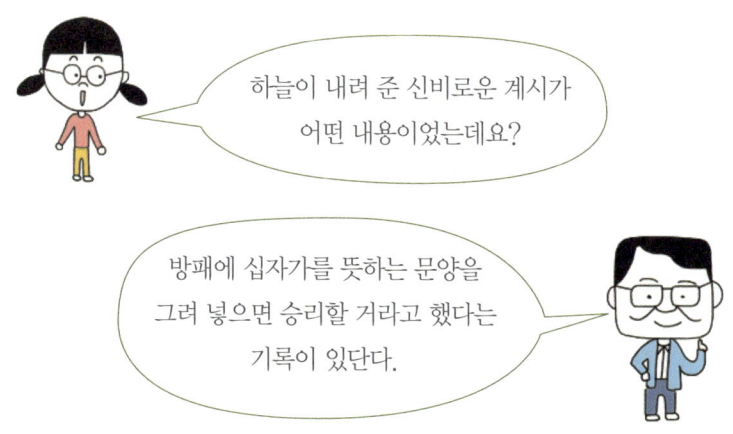

아무튼 밀비우스 다리 전투에서 콘스탄티누스 군대가 크게 승리한 건 분명한 역사적 사실이야. 이 승리는 로마의 운명에 큰 획을 긋는 사건이었어. 밀비우스 전투에서 승리한 콘스탄티누스는 서로마의 단독 지배자가 되었고, 오랫동안 박해를 받던 크리스트교가 공식적으로 인정받는 계기가 되었거든.

세상을 바꾼 칙령과 회의

밀비우스 전투에서 승리한 콘스탄티누스는 서로마 제국의 주인이 되어 로마에 입성했어. 로마로 들어선 콘스탄티누스는 화합을 강조했어. 그리고 그런 의미에서 동로마의 황제인 리키니우스에게 종교의 자유를 보장하는 칙령을 발표하자고 제안했고, 리키니우스도 이를 받아들였어.

그렇게 해서 313년 2월 3일에 크리스트교를 포함해서 모든 종교를 관용한다는 '밀라노 칙령'이 발표되었단다. 모든 종교 탄압을 중지하고 로마인들이 자유롭게 종교를 선택할 권리를 주기로 한 거야. 이 밀라노 칙령은 세계 최초로 신앙의 자유를 인정한 것으로 매우 중요한 의미가 있단다.

　313년 밀라노 칙령을 발표한 뒤 콘스탄티누스는 크리스트교에 우호적인 정책을 펼쳤어. 그런데 리키니우스는 얼마 못 가서 밀라노 칙령의 정신을 어기고 크리스트교 신도들을 다시 박해하기 시작했지 뭐야. 그러자 324년에 콘스탄티누스는 십자가 장식 깃발을 앞세우고 공격에 나섰지. 로마 제국의 진정한 지배자를 가리는 최후의 전투가 벌어진 거야.

리키니우스의 군대는 맹공을 퍼붓는 콘스탄티누스의 군대를 버텨 내지 못했어. 결국 콘스탄티누스는 리키니우스 군대를 격파하고 항복을 받아 냈어.

기나긴 권력 다툼을 끝내고 최후의 승자가 된 콘스탄티누스는 마침내 로마 제국의 단독 황제가 되었어. 디오클레티아누스의 4제 통치가 시작된 지 40년 만에 로마의 단독 황제 자리에 오른 거지.

313년 콘스탄티누스가 크리스트교를 공인한 뒤, 크리스트교는 콘스탄티누스 황제의 후원 아래 널리 퍼져 나갔어. 하지만 교회가 꼭 해결해야 할 문제가 몇 가지 남아 있었어. 그중 하나가 바로 교리 문제였단다. 크리스트교가 공인되기는 했지만, 당시에는 통일된 교리가 없었어. 교리가 다르니 하나의 종교라고 하기 힘들었지.

한쪽에서는 '예수와 예수의 아버지 하나님은 모두 신이다!'라고 주장했고, 다른 쪽에서는 '예수는 하나님과 비슷하지만 같은 신은 아니다!'라고 주장했지.

그래서 콘스탄티누스는 통일된 교리를 만들기 위해 325년 니케아에서 종교 회의를 열었어. 이때 콘스탄티누스는 로마 제국 전역의 주교들을 초대했고, 300여 명의 주교들이 이 종교 회의에 참석했지.

그리고 니케아 종교 회의에서는 아타나시우스파의 주장이 정통 교리로 인정되었어. 아타나시우스파의 교리에 따르면 예수는 인간인 동시에 신이라고 할 수 있어. '성부와 성자(예수)와 성령은 한 하나님'이라는 '삼위일체' 교리도 바로 이때 만들어진 거란다.

이렇게 해서 크리스트교는 로마 곳곳으로 널리 퍼져 나가기 시작했단다.

# 새로운 로마의 시작

 로마의 일인자가 된 콘스탄티누스 황제는 로마를 재건하기 위해 여러 가지 정책을 펼쳤어. 그중 가장 중요하게 추진한 정책은 바로 수도 이전이야.

 콘스탄티누스 황제가 새로운 수도로 선택한 도시는 바로 비잔티움이야. 비잔티움은 오늘날 튀르키예 제1의 도시인 이스탄불의 옛 이름이야. 동서양이 만나고 교류하는 관문이 되는 곳이지. 콘스탄티누스는 비잔티움에서 제국을 다시 통합하고, 로마를 세계의 중심으로 만들려고 했단다. 그래서 도시 이름도 자기 이름을 따서 '콘스탄티노폴리스'라고 지었지.

 콘스탄티누스는 추밀원이라는 행정 기관도 만들었어. 오늘날

로 치면 장관 제도 비슷한 건데, 각 분야의 전문가들에게 나랏일을 맡겼다는 점에서 상당히 앞선 생각이었지. 이런 노력 덕분에 콘스탄티노폴리스는 로마 제국의 중심 도시로 성장할 수 있었어.

그가 한 일 중 절대 빼놓을 수 없는 게 바로 경제 정책이야. 당시 로마 제국의 물가는 하늘 높은 줄 모르고 치솟고 있었어. 콘스탄티누스는 이런 물가를 잡기 위해 솔리두스라는 금화를 새로 만들었어. 그 덕분에 로마는 경제 위기를 무사히 넘겼고, 솔

리두스 금화는 이후 동로마 제국이 멸망하는 15세기까지 계속 사용되었단다.

그런데 337년, 콘스탄티누스는 죽기 전에 엄청나게 큰 실수를 저질렀어. 바로 황제의 권력을 자기 아들과 조카들에게 나눠 준 거야.

역사학자로서 역사를 연구하다 보면 가끔 '만약에?'라는 생각을 할 때가 있어. '만약 콘스탄티누스가 죽으면서 다른 후계자를 지정했다면 어떻게 됐을까?' 물론 소용없는 일이지만 역사학자의 직업병이라고 할 수 있지.

만약 콘스탄티누스가 죽으면서 본인만큼 능력 있는 후계자를 찾아 권력을 물려줬다면, 아마 로마 제국은 그보다 더 오래 지속됐을 것 같아. 하지만 그는 그렇게 하지 않았고, 무능력한 자식과 조카에게 권력을 물려줬어. 결국 그가 이룬 통합은 물거품이 되어 버렸고, 로마는 또다시 피비린내 나는 권력 다툼 속으로 빠져들게 돼. 그리고 그때부터 지중해 세계를 호령하던 로마의 운명도 서서히 저물어 가기 시작했단다.

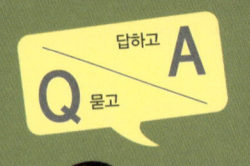

4명의 황제 이외에 로마에 큰 영향을 끼친 다른 황제가 있나요?

로마 제국을 훌륭하게 다스린 황제들은 아주 많단다. 이 책을 읽고 로마 역사에 관심이 생겼다면 꼭 다른 역사책도 읽어 보면 좋겠어. 여기서 소개하지 못한 다른 황제들의 이야기도 아주 흥미진진하거든. 그중에서도 꼭 소개하고 싶은 황제는 트라야누스 황제야. 트라야누스 황제(Trajanus, 재위: 98~117)는 최초의 속주 출신으로서 로마 제국의 최대 영토를 통치한 황제야. 본명은 마르쿠스 울피우스 트라야누스로 울피우스 씨족 트라야 가문 출신이라는 뜻이지.

그는 히스파니아 바이티카 속주 안에 있는 로마 식민시 이탈리카에서 태어났지만 제국 전역에서 군인으로 명성을 얻으며 30대 후반에 집정관이 되었어. 로마의 전통 귀족도 아니면서, 그것도 40살 이전에 집정관이 되었으니 파격적인 출세를 한 거지.

그리고 겸손하게 맡은 바 역할을 충실하게 해내면서 네르바 황제의 양자로 지명되었고, 98년 네르바가 죽자 이탈리아 밖에 있는 속주 출신으로는 최초로 로마 황제로 즉위했어. 그리고 마침내 2세기 오현제

시대의 전성기를 대표하는 황제가 되었단다.

　트라야누스는 많은 이들의 기대에 걸맞게 출중한 능력을 발휘해서 로마의 영토를 최대로 넓히고 대규모 도시 계획으로 로마시와 여러 식민시들을 화려하고 웅장하게 건설했어. 또한 알리멘타라는 복지 제도를 시행해 로마시뿐만 아니라 이탈리아 자치시의 빈민 자녀들에게 곡물 또는 현금을 제공했어. 트라야누스의 알리멘타는 후대 복지 제도의 좋은 선례가 되었지.

　그는 원로원으로부터 '최상의 황제'라는 찬사를 받았고, 3세기 이후 황제가 즉위하면 "아우구스투스보다 더 행복하고 트라야누스보다 더 훌륭한 황제가 되시라."고 말할 만큼 모범적인 황제로 기록되어 있어.

7장 무엇이 영원한 로마를 만들었는가?

- 로마 제국의 종말
- 로마의 유산

로마 제국의 종말

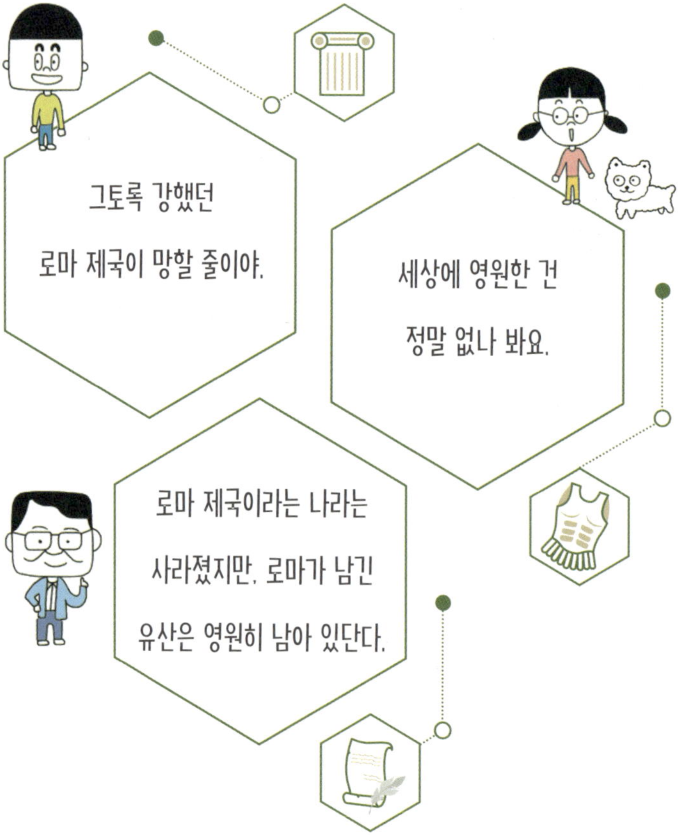

그토록 강했던 로마 제국이 망할 줄이야.

세상에 영원한 건 정말 없나 봐요.

로마 제국이라는 나라는 사라졌지만, 로마가 남긴 유산은 영원히 남아 있단다.

로마 제국의 몰락에 결정적인 역할을 한 건 '게르만 민족의 대이동'이라는 사건이야. 375년 무렵, 여러 게르만 민족들이 일제히 서쪽으로 이동했거든. 갑자기 왜 그랬을까?

당시 중앙아시아에 훈족이라는 힘센 민족이 있었는데, 이들이 4세기 중반에 서쪽으로 우르르 몰려온 거야. 훈족은 한마디로 전쟁의 신이었어. 전투라면 자신 있었던 게르만 민족도 훈족한테는 상대가 안 됐단다. 오죽했으면 자기들이 살던 땅을 다 버리고 부랴부랴 서쪽으로 도망쳤겠어?

그렇게 도망친 게르만 민족 중에 서고트족이 있었는데, 이 서고트족이 로마 국경으로 몰려와 문을 두드렸어. 그들은 로마 영토 안으로 들어가게 해 달라고 동로마 황제에게 청원서까지 올렸단다. 만약 받아만 준다면 로마의 법을 따르고, 로마 군인이 되어 적들과 싸우겠다고 했지.

동로마 황제는 고민 끝에 서고트족을 받아들이기로 결정했어. 그들에게 세금도 걷고, 병력도 보충하면 되겠다 생각했지. 그렇게 100만 명이 넘는 서고트족이 로마 영토 안으로 들어왔단다. 그런데 로마 땅으로 들어온 서고트족을 기다리고 있는 건 또 다른 지옥이었어. 로마인은 서고트족을 노예 취급을 하고 농

사짓기 힘든 땅만 주더니 세금은 꼬박꼬박 받아 갔단다. 시간이 갈수록 서고트족의 불만이 쌓인 건 당연한 일이지.

그런데 얼마 뒤, 동고트족까지 훈족을 피해 로마에 찾아왔어. 로마는 이번엔 냉정하게 거절했지만 동고트족은 로마 국경 경비가 허술한 틈을 타 로마 영토 안으로 들어와서 슬그머니 자리를 잡았단다. 이걸 본 서고트족은 어떤 생각을 했겠어? 불만이 가득했던 서고트족도 독립된 나라를 세우겠다며 반란을 일으켰지.

378년, 로마군은 서고트족의 반란을 제압하려고 히드리아노폴리스로 쳐들어갔어. 누가 봐도 로마군의 승리가 당연해 보였지. 로마군은 수백 년 동안 한 번도 패하지 않은 무적의 군대잖아. 그런데 이게 웬일. 이 전투의 승자는 의외로 서고트족이었어. 이 놀라운 소식은 지중해 세계에 큰 영향을 미쳤어. 로마군이 더 이상 천하무적이 아니라는 소문이 자자하게 퍼진 거야.

이때를 전후해서 로마의 국경선 너머에 살고 있던 여러 게르만 민족들이 갈리아, 히스파니아 등 로마의 속주로 본격적으로 이동하기 시작했단다.

이렇게 국경을 넘은 게르만 민족들은 곳곳에 자신들의 왕국

을 세웠는데, 오늘날 우리가 알고 있는 유럽의 여러 나라가 바로 이때 생겼단다. 이 왕국들이 훗날 프랑스, 독일, 스페인 같은 나라가 된 거지.

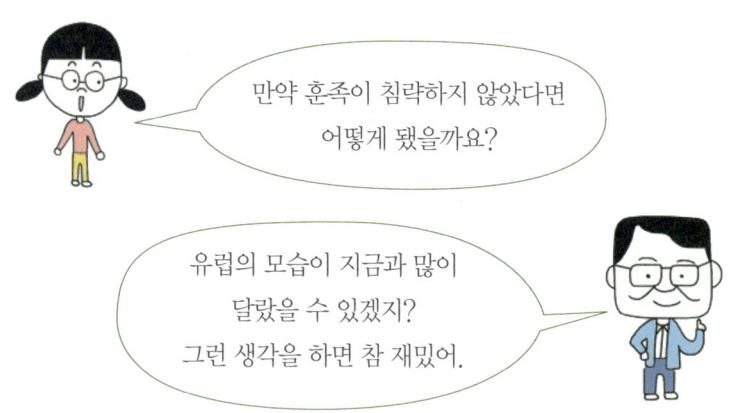

만약 훈족이 침략하지 않았다면 어떻게 됐을까요?

유럽의 모습이 지금과 많이 달랐을 수 있겠지? 그런 생각을 하면 참 재밌어.

이후 서로마 제국 곳곳에서 수차례 게르만족의 침입과 대규모 반란이 이어졌어. 하지만 '부자가 망해도 삼 년은 간다.'라는 말 들어 본 적이 있니? 로마는 이렇게 게르만 민족의 거센 침략을 받으면서도 20년을 꾸역꾸역 더 버텼어.

그러다 476년, 게르만 용병 대장인 오도아케르가 로마의 마지막 황제를 폐위시키면서 천 년 넘게 이어져 오던 로마 역사는 문을 닫게 된단다. 아, 여기서 말하는 476년에 망한 나라는 서

로마야. 동로마는 그 후로도 천 년을 더 이어 갔고, 역사학자들은 그 나라를 '비잔티움 제국'이라고 부르곤 해. 수도인 콘스탄티노폴리스는 동서 무역의 중심지로 크게 번영했고, 그리스 정교 중심의 동로마 문화는 동유럽의 슬라브족에게 커다란 영향을 끼쳤단다.

하지만 이 비잔티움 제국은 원래의 로마 제국과는 사실상 별개의 나라로 봐야 해. 그러니까 유럽 전역을 호령하던 로마 제국은 476년에 역사의 저편으로 사라졌다고 보는 게 맞을 거야.

 로마의 유산

"고대의 모든 역사는 로마라는 호수로 흘러들었고, 근대의 모든 역사는 로마로부터 다시 흘러나왔다."라는 말이 있어. 레오폴트 폰 랑케라는 역사학자가 한 말인데 내가 볼 때 이보다 더 로마의 유산을 잘 표현한 말은 없는 것 같아.

476년에 로마 제국은 역사의 저편으로 사라졌지만, 로마 문화의 영향력은 쉽게 사라지지 않았어. 천 년 넘게 이어져 온 로마 문화는 유럽 여러 나라에 막대한 영향을 끼쳤단다. 그리고 그 어마어마한 영향력은 지금까지도 이어지고 있어.

자, 그럼 고대 로마 제국이 남긴 유산에는 어떤 것들이 있는지 간략하게 살펴보도록 하자.

■ 라틴어

라틴어는 고대 로마에서 사용하던 언어로, '모든 언어의 어머니'라고 불려. 왜냐하면 이탈리아어, 프랑스어, 스페인어, 포르투갈어, 루마니아어 등의 조상이 바로 라틴어거든.

476년에 로마가 멸망한 후에도 라틴어는 사라지지 않았어. 아직도 철학, 법률, 의학 명칭 등의 전문 용어 중에는 라틴어가 많이 남아 있단다. 라틴어를 가장 오래 쓴 건 로마 가톨릭이야. 그 전통은 오늘날까지도 바티칸 시국에 남아 있어. 바티칸 시국은 지금도 종교 의식을 할 때나 법을 지정할 때 로마 제국의 언어인 라틴어를 사용한단다.

로마 콜로세움에 있는 라틴어로 된 비문

■ 로마법

로마인들의 유산 중 최대의 문화유산은 뭐니 뭐니 해도 로마법을 꼽을 수 있어. '법의 민족'이라고 부를 만큼 로마인들과 법은 떼려야 뗄 수 없는 관계란다.

530년에 비잔티움 제국의 유스티니아누스 1세가 당시 혼란스러웠던 법을 정리하고, 법학자들의 견해를 해설집으로 엮어 편찬했는데, 이 법전이 바로 〈로마법 대전〉이야. 〈로마법 대전〉은 현대의 모든 법률에 영향을 끼쳤을 만큼 중요한 로마의 유산이야. 세계 여러 나라가 법을 제정할 때 로마법을 기본으로 삼았단다.

로마의 법학자인 예링은 "로마는 세계를 세 번 통일했다. 처음에는 무력으로, 다음에는 크리스트교로 그리고 마지막으로 로마법으로 세계를 통일했다."라고 말했단다.

■ 로마 가톨릭교회

로마 가톨릭교회(천주교)는 예수 그리스도를 믿는 기독교의 한 종파로, 전 세계적으로 약 13억 명 이상의 신자가 있는 세계 최대 규모의 종교야. 세계에서 가장 오래된 기독교 종파이며 유럽 문화에 엄청난 영향을 끼쳤지.

로마 가톨릭교회의 뿌리가 바로 고대 로마 교회야. 로마 황제 콘스탄티누스 1세가 크리스트교를 지원한 덕분에 크리스트교는 점점 그 세력을 넓혀 갈 수 있었어. 로마 가톨릭교회도 이때 그 기초를 세웠지. 로마 가톨릭교회는 중세 시대에도 계속 확장해서 지금은 서구 세계를 아우르는 종교로 성장했단다.

■ 로마 공화정

초기 로마의 공화정은 귀족들의 대표인 원로원에서 해마다 집정관 2명을 뽑았어. 그리고 그들이 나랏일을 하도록 맡겼지. 평민들은 평민회라는 조직을 만들고, 호민관이라는 평민 대표를 뽑아서 귀족들이 주도하는 정치에 참여하도록 했어.

물론 이런 정치 제도는 지금의 민주주의와는 많이 달라. 하지만 이런 로마 공화정은 그 당시로서는 상당히 앞선 제도였어. 현재의 민주 정치 제도도 로마의 공화정에서 발전되었다고 할 수 있어. 의회 제도 또한 로마의 원로원을 본떠 만든 거야.

■ 로마 숫자

I, II, III, IV, V, VI, VII, VIII, IX, X. 이런 숫자를 본 적이 있니? 아라비아 숫자 1에서 10까지를 나타내는 로마 숫자야.

이 로마 숫자는 로마 제국을 거쳐 14세기에 이르기까지 유럽

각지에서 사용되었어. 14세기 이후에는 아라비아 숫자가 널리 사용되면서 차츰 사용하지 않게 되었지. 하지만 오늘날에도 시계나 책의 목차 표시 등에 로마 숫자를 많이 사용한단다.

■ 군대 조직

로마 군대는 천하무적이었어. 로마 군대가 이렇게 강력한 부대가 될 수 있었던 건 체계적인 조직 덕분이었지. 그래서일까? 현대의 군대 조직도 로마 시대의 군대 조직에서 많은 영향을 받았단다. 지금도 많은 나라에서 로마인들이 쓰던 군사 용어를 사용하지.

마르쿠스 아우렐리우스 승전 기념비

■ 조세 제도

서양의 조세 제도는 로마 시대의 조세 제도에서 큰 영향을 받았어. 가족의 수에 따라 징수하는 인두세, 소유한 토지에 매기는 토지세, 관세, 통행세 등이 모두 로마 시대 때 만들어진 거야. 이 중 토지세, 관세 등은 거의 세계 모든 나라가 채택하고 있는 조세 제도란다.

■ 로마의 건축

• 콜로세움

로마 제국의 건축물은 대개 매우 웅장하면서도 실용적인 것이 특징이야. 로마 제국 때의 건축물 중에 가장 유명한 건 콜로세움이야. 무려 총 5만 5천여 명을 수용할 수 있는 어마어마한 규모의 경기장이 2천 년 전에 세워졌다니! 정말 대단하지 않니?

콜로세움에서는 검투사 경기가 열렸고, 황제부터 노예까지 모든 로

마 시민들이 함께 관람할 수 있었지. 현재 콜로세움은 지진의 피해 등으로 원래의 모습은 찾아 볼 수 없어서 무척 안타까워. 이 콜로세움은 지금 우리가 흔히 볼 수 있는 원형 경기장의 조상 같은 건축물이란다.

• 판테온

판테온은 그리스어로 '모든 신'을 가리키는 말이야. 여러 신을 믿었던 고대 로마인들이 신들에게 제사를 지내기 위해 만든 신전이지. 이 판테온 건물의 지붕은 둥근 돔 모양인데, 이 돔 한가운데에는 지름 9m의 구멍이 뚫려 있어. 이런 돔 형태의 건축은 전 세계의 건축 양식에 큰 영향을 끼쳤단다.

로마 제국이 명성을 떨치던 2천 년 전과 우리가 살아가는 21세기의 환경은 많이 달라. 하지만 리더의 역할이 중요하다는 건 그때나 지금이나 변하지 않은 것 같아. 리더가 어떻게 하느냐에 따라 그 조직이 흥할 수도 있고, 망할 수도 있으니 말이지.

앞에서 로마의 역사를 이끈 훌륭한 리더 네 명을 집중적으로 다루었어. 그들의 이야기를 보면서 통찰력과 리더십을 키운다면 우리는 불확실한 미래를 대비할 수 있고, 세계화 시대에도 앞장설 수 있을 거야. 이 책을 읽고 너희들이 로마의 역사를 알고, 리더의 중요성에 대해 깨닫는다면 서양사학자로서 아주 보람이 클 것 같구나. 한발 더 나아가 이 책을 통해 서양사학자가 되겠다는 꿈을 키우게 된다면 더 바랄 것이 없겠지?

로마를 이해하기 위해 꼭 가 봐야 할 유적지를 알려 주세요.

로마는 도시 전체가 유적지라고 할 만큼 의미 있고 중요한 유적지가 많아. 하루 종일 도시를 걸어 다녀도 다 볼 수 없을 정도지. 그중에서도 너희들이 꼭 가 봤으면 하는 유적지를 몇 곳 소개할게.

포로 로마노(로마 광장)

카피톨리움 언덕과 팔라티움 언덕에 있는 로마 광장은 로마 공화정의 요람이야. 이곳에 신전들이나 공회당(바실리카)과 원로원 회의장이 건설되었어. 법률 제정, 정무관 선거 등 중요한 국가 정책을 결정하는 민회 모임이나 축제, 개선식도 이곳에서 열렸어. 제정 시대에는 광장이 크게 확장되면서 황제들의 군사적 업적을 기념하는 개선문들이 세워지기도 했지. 현재 신전 유적들은 기둥 몇 개만 서 있어 폐허처럼 보이지만 개선문, 원로원 회의장은 온전한 형태로 보존되어 있어서 한때 로마의 정치, 문화, 종교 그리고 군사의 중심지였음을 잘 보여 줘.

성 베드로 대성당

성 베드로 대성당은 예수의 수제자인 성 베드로의 순교터 위에 건설되었어. 800년에는 프랑크 왕국의 왕 카롤루스의 서로마 황제 대관식이 거행되는 등 종교적으로뿐만 아니라 정치적으로도 중요한 장소였지. 교황 율리우스 2세 때 재건축을 시작해 120여 년의 공사 끝에 현재의 모습이 되었어.

성 베드로 광장

성 베드로 대성당 앞에 있는 성 베드로 광장은 최대 30만 명을 수용할 수 있는 타원형 광장으로 17세기 건축가 로렌초 베르니니의 작품이야. 교황이 주일 정오에 창문을 통해 성 베드로 광장에 모인 사람들에게 평안과 복음을 전하는 '안젤루스' 행사가 있을 때 많은 가톨릭 신자들과 여행객들이 광장에 모이지.

서울대 교수와 함께하는
10대를 위한 교양 수업
6 김덕수 교수님이 들려주는 로마사 이야기

글 | 김덕수, 황근기 그림 | 리노

1판 1쇄 인쇄 | 2023년 11월 17일
1판 1쇄 발행 | 2023년 12월 4일

펴낸이 | 김영곤
이사 | 은지영
논픽션팀장 | 류지상 **기획개발** | 신지예 권유정 **책임편집** | 윤은주
아동마케팅영업본부장 | 변유경
아동마케팅1팀 | 김영남 황혜선 이규림 정성은 손용우 **아동마케팅2팀** | 임동렬 이해림 최윤아
아동영업팀 | 강경남 오은희 황성진 김규희 양슬기
디자인 | 디자인이팝 **제작** | 이영민 권경민

펴낸곳 | ㈜북이십일 아울북
출판등록 | 2000년 5월 6일 제406-2003-061호
주소 | (10881) 경기도 파주시 회동길 201 (문발동)
전화 | 031-955-2709(기획개발) 031-955-2100(마케팅·영업·독자문의)
브랜드 사업 문의 | license21@book21.co.kr
팩스 | 031-955-2177 **홈페이지** | www.book21.com

ⓒ김덕수, 2023

이 책을 무단 복사·복제·전재하는 것은 저작권법에 저촉됩니다.

ISBN | 979-11-7117-216-0 (74000)
ISBN | 978-89-509-9137-1 (세트)

* 잘못 만들어진 책은 구입하신 서점에서 교환해 드립니다.
* 가격은 책 뒤표지에 있습니다.

⚠ **주의** 1. 책 모서리가 날카로워 다칠 수 있으니 사람을 향해 던지거나 떨어뜨리지 마십시오.
2. 보관 시 직사광선이나 습기 찬 곳을 피해 주십시오.

KC
· 제조자명: ㈜북이십일
· 주소 및 전화번호: 경기도 파주시 회동길 201(문발동)/031-955-2100
· 제조연월: 2023.12.4.
· 제조국명: 대한민국
· 사용연령: 3세 이상 어린이 제품

· **일러두기** 맞춤법과 띄어쓰기는 《표준국어대사전》을 기준으로 삼았으며, 외국의 인명, 지명 등은
국립국어원의 '외래어 표기법'을 따랐습니다.

· **사진 출처** 27쪽: 포로 로마노_ⓒWikipedia 66쪽: 클레오파트라를 이집트 왕좌에 올리는 카이사르_ⓒWikipedia
83쪽: 안토니우스와 옥타비아누스 기념 주화_ⓒWikipedia 120쪽: 4황제상_ⓒWikipedia
155쪽: 로마 콜로세움에 있는 라틴어로 된 비문_ⓒWikipedia 158쪽: 마르쿠스 아우렐리우스 승전 기념비_ⓒWikipedia
159쪽: 콜로세움_ⓒWikipedia 160쪽: 판테온_ⓒWikipedia